国家十一五重点出版项目

中国民间艺术传承人口述史丛书
Oral Histories of Chinese Folk Arts and Crafts

"中国民间艺术传承人口述史丛书"总编委会
主　编：王文章
副主编：王海霞
总策划：和　龑
编　委（按姓氏笔画排列）
　　　　王文章　王海霞　乌丙安　方李莉
　　　　冯建华　吕品田　邢艳琦　江　东
　　　　宋兆麟　吴颖丽　和　龑　郑　工
　　　　郭玉洁　谭　洁　戴前锋

"中国民间艺术传承人口述史丛书"编辑工作委员会
总编辑：和　龑
委　员（按姓氏笔画排列）
　　　　王忠波　邢艳琦　吴颖丽　张维军
　　　　陈　琼　郑　颖　苗永姝　战　歌
　　　　贾宇琰　盛菊艳　韩慧强　谭　洁

年画世家

年画传承人邰立平口述史

主编 ◆ 王文章　口述人 ◆ 邰立平
副主编 ◆ 王海霞　整理者 ◆ 王海霞

中央编译出版社
Central Compilation & Translation Press

"经典中国国际出版工程"项目

图书在版编目（CIP）数据

年画世家：年画传承人邰立平口述史/王文章主编．
—北京：中央编译出版社，2010.1
（中国民间艺术传承人口述史丛书）
ISBN 978-7-5117-0037-7

Ⅰ．年… Ⅱ．王… Ⅲ．邰立平－生平事迹 Ⅳ．K825.72

中国版本图书馆CIP数据核字（2009）第167149号

年画世家——年画传承人邰立平口述史

出 版 人：	和　龑
策划编辑：	吴颖丽
责任编辑：	苗永姝
美术编辑：	子　木
责任印制：	尹　珺
出版发行：	中央编译出版社
地　　址：	北京西单西斜街36号（100032）
电　　话：	（010）66509360（总编室）（010）66509350（编辑部）
	（010）66509364（发行部）（010）66509618（读者服务部）
网　　址：	http://www.cctpbook.com
经　　销：	全国新华书店
印　　刷：	北京雅昌彩色印刷有限公司
开　　本：	1/16
字　　数：	101.5千字
印　　张：	15
版　　次：	2010年3月第1版第1次印刷
定　　价：	398.00元

本社常年法律顾问：北京大成律师事务所首席顾问律师　鲁哈达
凡有印装质量问题，本社负责调换。电话：010-66509618

总 序

王文章

　　21世纪初，社会公众对中国非物质文化遗产保护的关注度、参与保护的热情，以及中国非物质文化遗产保护工作的有力推进，成为中国文化界乃至中国社会的重要事件。从大多数人对"非物质文化遗产"一词的内涵不知所云，到"非物质文化遗产"成为家喻户晓的词汇，人们普遍对它的具象呈现形态有了一定的认知，并支持或主动参与保护工作，说明人们在现代化进程的背景下，已经看到，由于生活水平的提升和生活方式的变化，作为传统社会生存环境下人们生活方式和生产方式的非物质文化遗产正在急剧消失的现实，而这种现实，一定会对人类社会可持续发展的前景带来不可挽回的损失。因之，全面保护非物质文化遗产已经成为全社会的共识。

　　但是，保护非物质文化遗产这个时代性的课题应当怎样正确解答，人们的答案并不一致。这种不一致的根源，主要是源自推动经济发展与非物质文化遗产保护之间的矛盾。把非物质文化遗产看成单纯的经济资源，在保护的名义下扭曲其本质特性过度开发，如把民族民间的原生态歌舞改变为肤浅时尚的刻板表演服务于旅游场所，或把传统手工技艺视作不具经济潜力的项目而任其式微，等等。近年来，我们还常见的一种现象是在城市特别是农村建设中，以新的建筑或新的环境形态将承载某个特定区域人们世代相传文化技艺的物质载体（如某些文化空间）彻底改变。这种不能正确把握和处理社会发展与非物质文化遗产保护关系的情况，已经并还在对非物质文化遗产的保护带来伤害。我们应该正视并改变这种现象。

　　毫无疑问，非物质文化遗产保护是一个动态的过程。正确的保护不是使它凝固和停止发展。2003年10月17日联合国教科文组织通过的《保护非物质文化遗产公约》指出："这种非物质文化遗产世代相传，在各社区和群体适应周围环境以及与自然和历史的互动中被不断地再创造，为这些社区和群体提供持续的认同感，从而增强对文化多样性和人类创造力的尊重。"非物质文化遗产的有效保护，从根本上说，就是要保证其按照自身内在规律去自然衍变，在自然的衍变中与人类社会的持续发展相并行，我们既不要人为地去中断它自然衍变的进程，也不要人为地去使它突变。我想，这应是保护工作最根本的意义，也是保护工作最艰难、最核心的用力点。

非物质文化遗产在自然衍变发展中呈现的形态是丰富多样的,这决定了我们采取的保护方式也应是多样的。但对于传统手工技艺类的项目,采取生产性保护的方式应当是一种恰当的方式。这种方式,可以使非物质文化遗产项目的传承人,这些技艺的持有者将自己本身的技艺作为一种生产和生活的手段,既可以因此而获得劳动的报酬,也可以因此而使技艺传承,并在自己的作品与使用者的对应中,使技艺的继承与创新具有激发创造智慧的基础。这套"中国民间艺术传承人口述史丛书",记录了这些传承人技艺传承的历程,他们的技艺如何精湛,以及他们对技艺的思考;展现了他们如何以生产性保护的方式,使这些不同的技艺在传统的浸润中也融入了新的艺术元素,并得到人们的喜爱,而他们也因此具有了持续传承的经济基础。

在人类社会现代化进程不断加快、科技快速发展和全球经济一体化的时代,越来越多的民族、地区和人口被纳入到世界变化的总体格局之中。保持人类文化的多样性,是与人类社会的可持续发展紧密相连的。而保护各个民族具有独特创造个性和蓬勃生命活力的民间艺术,是人类文化多样性形态不成为博物馆化和标本式存在表象,而永具生生不息生命力的重要保证。我想,读者会从"中国民间艺术传承人口述史丛书"中体会到这些。

2009 年 9 月 22 日

目录

总序 …………………………………………… 001

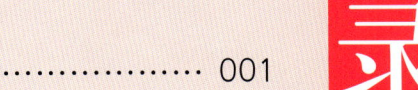

口述人邰立平简介 …………………………… 001

邰立平，1952年11月出生于陕西省凤翔县，6岁随父母回凤翔县南小里村读书，9岁起跟祖父邰世勤和父亲邰怡学习年画填色和刻窗花版。1965年起，协助父亲设计和制作"门芯子"年画，至1977年，邰立平与父亲携手创作新门神画达50多种，使邰家成为当时唯一能创作年画样子的家庭作坊。

第一章　凤翔宝地我的家 …………………… 004

我父亲照着《县志》上这个《凤翔八观》做了一套《凤翔八景》的年画，制成墨线版后，用手填的颜色，这是1979年我父亲恢复工作以后在工艺美术公司时候创作的，版的格式采取的是上文下图的形式。后来我们考虑到这个不好印，就把版刻成了阴刻的形式，上面的字是仿宋体的字，这个原稿还在。

第一节 这里的文化很厚重 …………………………… 006
第二节 这里的风尚和年节习俗 ……………………… 013
第三节 儿时的记忆 …………………………………… 024

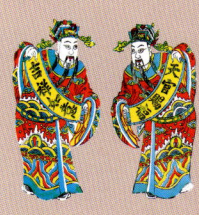

第二章　周边的年画作坊和邰家的年画谱系 …… 028

在我们的家谱里面有名字记载的是我之前的5代，第一位有实名的邰顺，从清乾隆五十五年（1790年）开始，根据邰顺家谱记载，邰顺继承祖辈所传画业，经营有万顺画局，后改名为顺兴画局；清道光十五年（1835年），邰顺的儿子邰正荣改为荣兴画局，这期间南小里从事木版年画的人家，约有10多户。邰顺的孙子邰润时没有再创名号，继续沿用了荣兴画局，我爷爷邰世勤有兄弟5个，他们都是"世"字辈，所以后来成立了世兴画局。

第一节　我们村周边的年画作坊 …………………… 030
第二节　我们邰家的年画谱系与字号 ………………… 040
第三节　我们家的世兴画局 …………………………… 043

第三章　爷爷是个"全把式" …………………… 058

除了精于年画设计和刻制外，他还兼长于庙宇壁画绘画，同第五村老苏师一同在岐（山）宝（鸡）凤（翔）三县及周边地区近百座寺院绘制庙宇壁画，他更擅长的是皮影影人和幕景的设计、雕刻。亲自设计雕刻的陕西西路皮影自成一派，仅影人就有700余件，连同背景摆件、头茬共有1300余件，同时可开唱3台皮影戏都有富余。他另外兼长的是当地社火脸谱的绘制，"装社火脸"被三县誉为一绝，且爱好砖雕、石雕，被关中西府一带称为民间画匠中的"全把式"。

第四章　父亲为年画的坎坷人生 …………………… 082

邰立平的父亲邰怡是一个对凤翔年画的继承和复兴作出了巨大贡献的人，他一生历经坎坷，但他是一个顽强的人，在艰难的环境中对年画创新求生，冒着危险整理和收集年画资料、复刻老版、写文章、办画社、办展览，都表明了他这个人坚韧的个性，同时，由于他生性善良，内心无私，往往又与利益失之交臂。他是一个笔杆子，他的字娟秀、认真，正如他正直的一生。在对凤翔年画的恢复中，他付出了生命的代价。

第一节　父亲的命运太坎坷了 …………………………… 085
第二节　在夹缝中发展的"门芯子" …………………… 087
第三节　艰难的年画复兴之路 …………………………… 090
第四节　父亲笔下的凤翔年画 …………………………… 107

第五章　我的年画生涯 …………………………… 124

邰立平的年画生涯是忧喜参半的，用他自己的话说，这辈子前半生命运不好，总是处于逆境，改革开放后遇到了大好机遇，往往是好运提前光顾。而这一章中，从他讲述的年画生涯的故事，到他发愿刻版，独自一人做起了整个凤翔年画的复制、收集、整理工作，并走出凤翔，把凤翔年画带向世界各地，我们看到了他和爱人两人孤独行走的足迹。我们可以看到一位现代工艺美术大师的成长经历，可以看到他年画人生的点点滴滴。

第一节　走上年画之路 …………………………………… 126
第二节　淘版子和收集画样的那段日子 ………………… 128
第三节　六年刻了三百套版子 …………………………… 139
第四节　走出凤翔 ………………………………………… 142

第六章　家传的手艺 …………………………… 154

在年画的使用上，凤翔年画的独特习俗使得年画展现出了与众不同的风格。如八大门神的使用、在城门上的张贴习俗是其他地方不曾有的，这也是八大门神成为具有代表性的凤翔年画作品之原因。所以单纯的民间艺术作品的研究仅是一个视觉层面的东西，而要深入研究民间艺术，就必须深入它的习俗和社会生活，这是民间艺术不同于文人艺术和宫廷艺术或单一的艺术门类研究的地方。

第一节 邰家的年画制作技艺 …………………………… 156
第二节 凤翔特有年画的题材和内容 …………………… 167
第三节 凤翔年画的应用习俗 …………………………… 191
第四节 邰家年画的风格和特点 ………………………… 201

第七章　凤翔年画今后的路 …………………… 206

由邰立平的成长之路，我们可以看出一个普通的民间艺人是如何经过不断进取、不断进步、提高自身的素质和学养而成为一代工艺美术大师的。首先是一种自觉的意识，是对文化血脉传承的高度自觉。其次是承担起培养传人、传播文化的责任。邰立平做到了，他认为自己真正赶上了好时候，赶上了好政策。在他朴素的情感背后，是一个大师和传承人对自己社会角色的再认识，而这种认识，是他以前在南小里拼命刻版子的时候所没有的。

第一节 我和爱人的民艺世界 …………………………… 208
第二节 《年画选》第三卷是我的一个心结 …………… 213
第三节 带徒弟和培养弟子 ……………………………… 214

附录　邰立平年表 …………………… 220

后　记 …………………… 223

» 邰立平

口述人邰立平简介

邰立平，男，1952年11月出生于陕西省凤翔县，6岁随父母回凤翔县南小里村读书，9岁起跟祖父邰世勤和父亲邰怡学习年画填色和刻窗花版。1965年起，协助父亲设计和制作"门芯子"年画，至1977年，邰立平与父亲携手创作新门神画达50多种，使邰家成为当时唯一能创作年画样子的家庭作坊。

1978年6月起，邰立平进入陕西凤翔南小里工艺美术研究会担任研究设计室主任，除了刻制了父亲设计的20多幅新年画外，他还先后设计出了《白蛇传》一套五幅，和《三藏收徒》《白骨洞》《花木兰》《高桂英》《七品芝麻官》《新状元进宝》《关公》《张飞》《龙宫借宝》等，并挖掘整理，复刻古样年画40余种，使研究会年画版达到了70余套。1978年至1979年间同巨锐、任建功两位老艺人一起印回邰家年画古样100余种，其他年画样70余种，为后来的年画复兴打下了坚实基础。

1979年，邰立平被命名为"陕西省工艺美术技艺能手"称号。

1983年起，邰立平在中央工艺美院、中央美术学院等高等学府举办凤翔年画展览和讲座，使凤翔年画第一次进入高等学府，走进北京艺术收藏界。至今他已在20余所高校举办过展览。

到现在为止，邰立平已刻制的凤翔年画版达400余种套、画版2000余块，并编辑制作了手工木版印制的《凤翔木版年画选》2卷本。他的年画作品被中国国家博物馆、中国农业博物馆和高等院校等200多家国内外专业机构收藏。

在抢救和发掘凤翔传统年画的同时，他不断向国内外介绍和宣传凤翔年画。上世纪80年代以来，他先后接待来自美国、法国、德国、日本、芬兰等国学者达70余次，接待国来访者近500余人次。1994年以来，他先后出访了澳大利亚、中国香港、法国、德国等国家和地区，举办凤翔年画珍品展。他复刻和复制的年画作品得到了各国媒体的高度评价。1999年，他赴巴黎联合国教科文组织大厦举办的凤翔年画展览反响极为热烈。《欧洲时报》、《人民日报》海外版及法国媒体均予特别报道。

2005年，邰立平被文化部中国艺术研究院聘为"民间艺术创作研究员"，同年被评为"陕西省一级工艺美术大师"；2006年，被评为"中国工艺美术大师"；2007年，凤翔年画进入"首批国家级非物质文化遗产名录"项目，邰立平被批准为"首批国家级非物质文化遗产代表性传承人"。

≫ 二十四孝全图

第一章
凤翔宝地我的家

TAI LIPING IN THE TRADITION OF HIS ANCESTORS
An Oral History of the Chinese Woodblock New Year Printing

本章综述

这一章，是根据对邰立平自2006年8月开始的多次访谈整理出的关于他的家乡文化和习俗、关于他的童年生活的文字。

《诗经》云：厥初生民……有邰家室。邰是指今天扶风、咸阳武功一带。宝鸡地区发现和发掘的郑家坡等数十处周文化、商文化遗址和墓葬，是商代早期至周朝初年文王之时周人与姜姓其他部族在宝鸡一带交流融合的历史见证。我们所了解的凤翔的历史，可以上溯到商周时期，而邰姓氏族也同样是那么悠久，一直伴随着周王朝和秦人的历史足迹，一路走来。至今，在凤翔，还有众多的邰姓人家，都多少沾亲带故。这是邰氏血脉的承续，它告示着一种文化的古老和厚重，也让这里的一切都打上了深深的历史印记，包括这里的年画，其门神中的方弼、方相，就是突出的一例。

年画是一种习俗文化产物，脱开年画的装饰功能，作品如何应用是一个十分重要的问题，也是我们过去经常忽视的。在这里，邰立平讲述了与凤翔年画有关的习俗和风尚，这对我们理解凤翔年画是十分有益的。

在传统社会，中国民间艺术和手艺的传承，一直是以家庭为单位的父子传承和师父带徒弟式的师徒相袭，而生活在一个手艺世家的农民的孩子如何学艺，这很难回答得清楚，因为这些技艺早已是他生活和生命的一部分，早就在不知不觉中融入到了他的骨髓，这种传承是天然的、自在的。邰立平的学艺就是这样一种自然的过程。

005

第一节　这里的文化很厚重

凤翔的历史文化是非常深厚的，宝成铁路[1]1956年建成前，凤翔是通向西北的重要驿站。（图1、2）过去人们直接从凤翔往西北走，不经过宝鸡。我的家乡南小里村就在凤翔县城东南，距县城十公里，属田家庄镇管辖。春秋战国时期的秦国当时就在我们凤翔，那时候凤翔还是叫雍城。秦穆公墓（此处系口述人口误，应为秦景公墓）[2]现在就在凤翔县城的南郊，近年来发掘了很多古代的文物珍品。（图3）宋代的时候凤翔是府，大文豪苏轼当时就是凤翔的

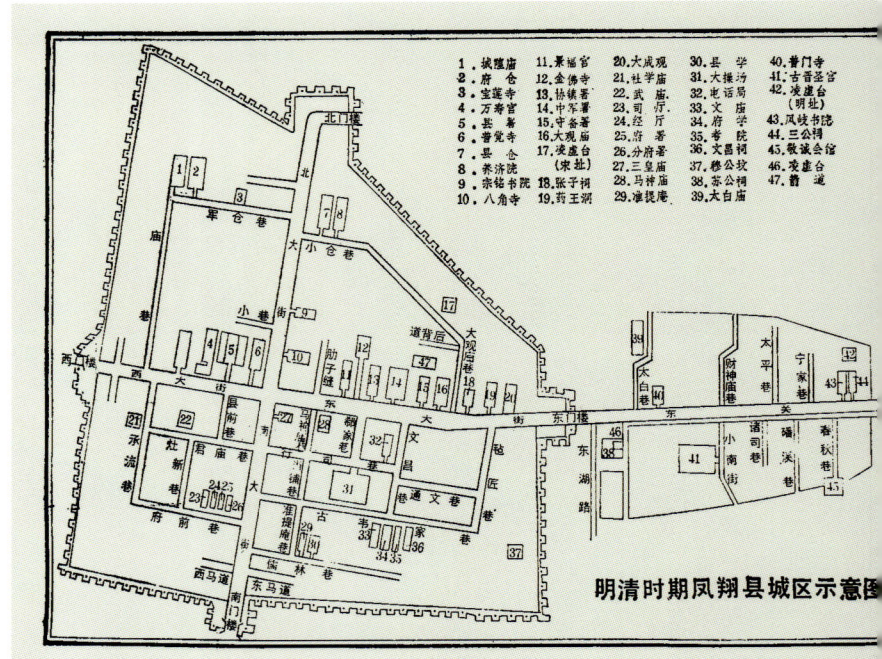

▷ 图1　明清时期凤翔县城区示意图，可以看出宫庙寺祠多达30余个

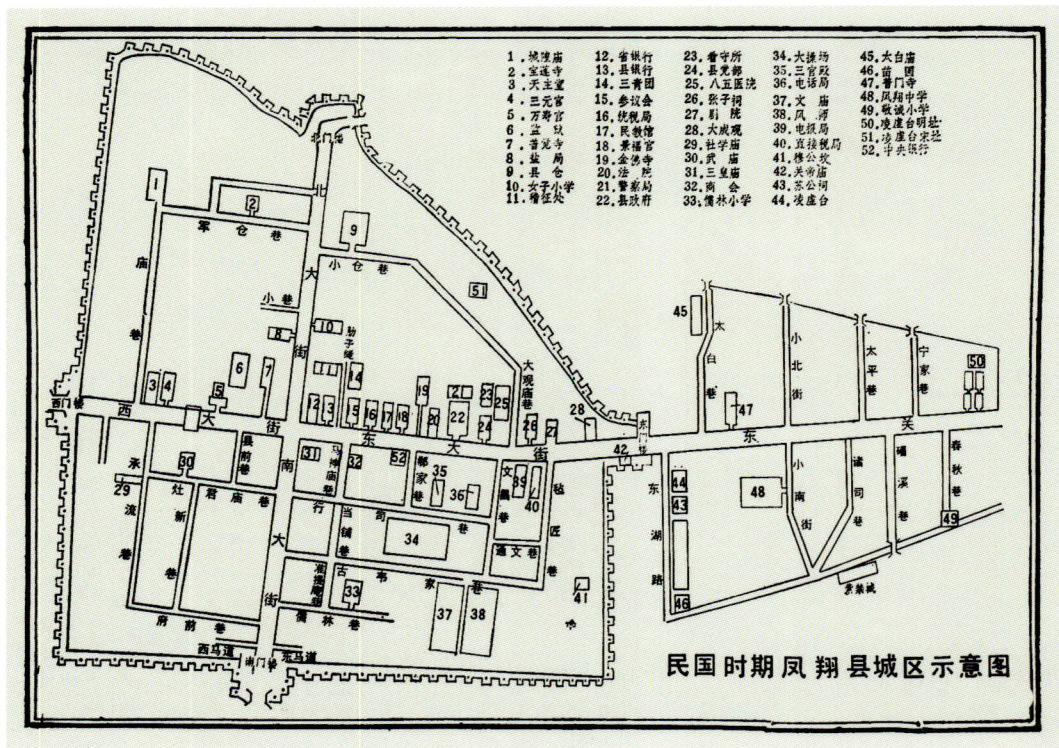

▷ 图2　民国时期凤翔县城区示意图，可以看出与寺院宫祠有关的场所仍多达20余个

▶ 图3 秦公大墓是迄今为止发现的最大的先秦时期的墓葬，为秦穆公第四代孙秦景公墓

府判，东湖就是苏轼在凤翔做官时疏通饮凤池、引凤凰泉水注入修成的，如今已经有900多年了。后来这里改成公园，里边建了望苏亭、喜雨亭，还把当时的一些祈雨事件刻在石碑上，把石碑立在亭子里面。还修了苏文忠公祠，这里以前是苏轼住的地方，后来改成了苏轼纪念馆，里面有苏轼像，还记载了一些苏轼在凤翔做官时的事情。除此之外还有凌虚台、鸳鸯亭、一览亭等好多亭台楼阁，一览亭有几层楼高，一台阶一台阶走上去，东湖全景看得清清楚楚。我们凤翔中学就设在东湖里面，我上中学读书的时候经常在东湖的亭子中看书，夏天经常去里面转转，散步乘凉。

凤翔原来有个开元寺，也叫八角寺，还有一个天柱寺，"文革"初期被拆除了。这两个寺在我们凤翔的县志中没有写进去。唐宋很多文人、艺术家都曾经到过凤翔，据传说，唐代大画家吴道子、王维还曾在开元寺创作了精美的壁画；雕塑家杨惠之也在天柱寺留下生动的泥塑，这让宋代大文豪苏轼赞美不已，他写下了著名的诗篇《凤翔八观》，后来我父亲照着《县志》上这个《凤翔八观》做了一套《凤翔八景》的年画，制成墨线版后，用手填的颜色，这是1979年我父亲恢复工作以后在工艺美术公司时候创作的，版的格式采取的是上文下图的形式。后来我们考虑到这个不好印，就把版刻成了阴刻的形式，上面的字是仿宋体的字，这个原稿还在。当时我上凤翔中学的时候，我们学校就是在凤翔东湖里面，还有一个凤翔师范是在凤翔文庙里面。原来的文庙有一个很大的殿，叫大成殿。在凤翔东关小学还有一座古迹叫春秋阁，我小时候经常在凤翔城里住，也经常在凤翔的这些寺庙古迹里面玩。凤翔这个地方为什么有好多文化古迹呢？因为后来的几次战乱都没有到影响到我们这里来，再加上我们这个地方比较封闭，过去很多东西无论是历史遗迹还是艺术作品都可以很好地保存下来。

在陕西，很多地方的文化都是有历史渊源的，凤翔县城里里外外基本上都是文物古迹，随便一个地名都有它自己的故事由来。我们南小里村也不例外。秦穆公墓就在凤翔，凤翔的名字的由来也和秦穆公的传说有关系。据说当年秦穆公把女儿弄玉许配给当时擅长吹箫的萧史，弄玉得到了萧史传授的吹箫的技巧，能作出和凤鸣相合的声音，秦穆公还特地筑凤台给他们居住。后来萧史驾着飞龙，弄玉乘坐凤凰，两人双双升天而去。凤翔就是他们乘凤飞翔而去的地方，也因此而得名。而我们南小里村就是因为弄玉吹箫引凤、箫声传到这里而得名。古时叫箫里，是吹箫的那个箫字，后改名为肖里，现在图方便，大家常常都写成"小里"了。

小里分南北小里,我们南小里因地理位置稍稍靠南而称为南小里。总体上说,南小里北小里两村没有什么大的差异,北小里比南小里交通略好一些,更靠近公路,但南小里的文化氛围却要好于北小里。南小里和北小里的人讲话都不太一样,南小里的人讲话很文气,幽默又不粗俗,北小里的文化氛围比南小里差一些。南小里的人大多姓邰,我们南小里村的庙里敬奉的是姜嫄圣母[3],当地人传说姜嫄圣母是邰家的人,这个姓氏并不常见。问起村子里的老人们,他们都说南小里的邰姓源于姜姓,他们的祖先是从陕西武功县一带迁移过来的,邰姓子民应属于周族始祖弃的后代。现在,在我们村的村子中央,就是小学那里,还有一座庙,里面供着的不是别人,正是姜嫄,我们村的人都称她为姜嫄圣母。这座庙也是我们村最大最有影响的庙,直到现在我们每年的农历七月初一,我们都要过庙会来祭拜她。(图4)

我们凤翔县的民间美术资源一直很丰富,在陕西是很有名的民间美术之乡,什么剪纸、庙画、脸谱、皮影、刺绣、马杓、泥塑、草编,统统都有,当然年画算其中最重要的一个项目了。(图5~图11)手工技

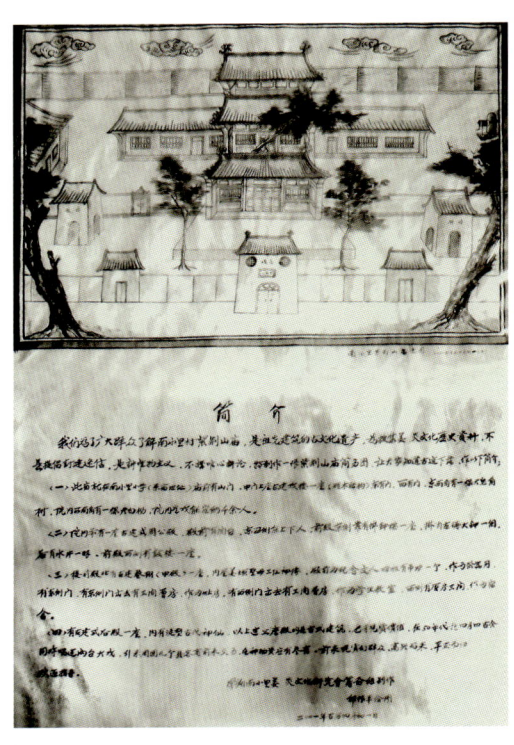

▶ 图4 姜嫄祠"文革"前的平面图,现在是南小里小学的位置。此图为当地文化机构2001年绘制的平面示意图

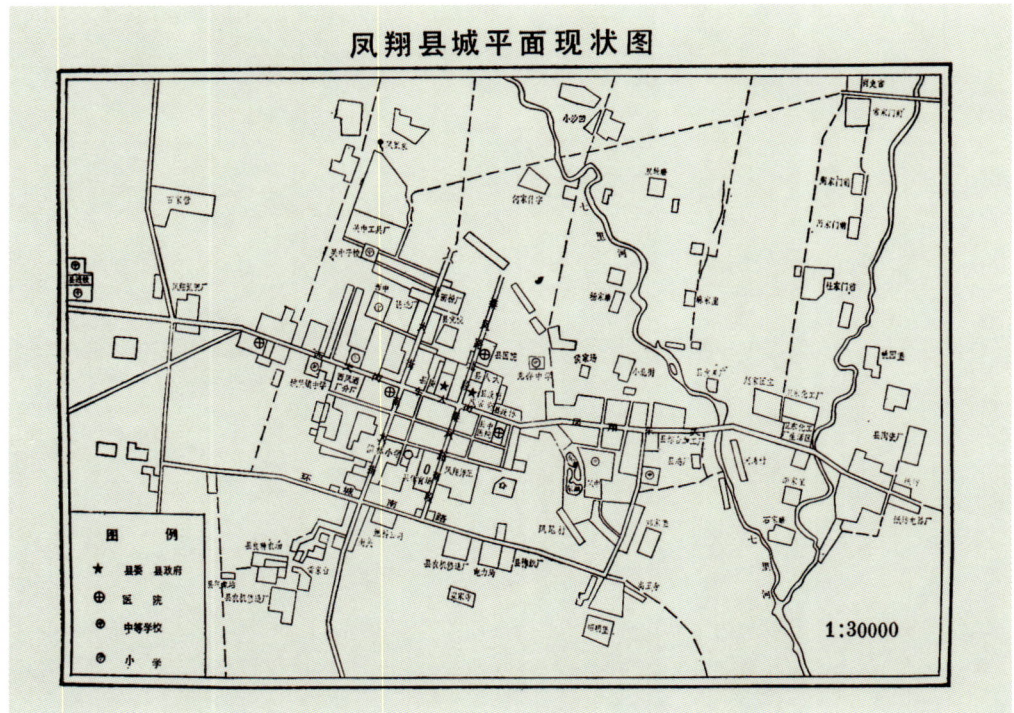

▶ 图5 凤翔县平面图现状

≫ 图6 凤翔县民间传统泥塑挂虎。虎头造型带有浓郁的商周青铜器艺术造型特色。凤翔县文化馆藏

▷ 图7 凤翔县民间泥塑青蛙，属于传统泥塑创新作品。凤翔县文化馆藏 卢红利作

》图8 凤翔县民间刺绣腰包"榴开百子"。凤翔县文化馆藏

》图9 凤翔县民间布艺布老虎。凤翔县文化馆藏

年画世家　第一章 凤翔宝地我的家

> 图 10 凤翔民间马杓（社火脸谱）"应尤"
凤翔县文化馆藏　李耀作

> 图 11 凤翔民间马杓（社火脸谱）"蚩尤"
凤翔县文化馆藏　李耀作

艺方面最著名的就是酿酒了，我们凤翔还有一句顺口溜，是说凤翔有三绝："西凤酒、东湖柳、女人手"，西凤酒在全国都很有名的，评为全国四大名酒之一。东湖柳就是指当时苏轼在凤翔做官时建的那个园林里面的柳树了，形态各式各样，有挺拔的，还有斜卧长在水里的，所以很奇特，东湖柳也是凤翔八景之一——"东湖览胜"的象征性的称呼。女人手指的就是凤翔的手工艺很发达，女人的手巧得很。剪纸、草编、刺绣在我们这一带都是很有名的。不知道这些民间手工艺种类最早从什么时候开始的，但民国的时候在当地就已经相当有名气了。我们南小里还有一位能人叫王银凤，她的刺绣当时很有名。她本人不识字，嫁到凤翔后就专门做一些绣花、缝衣裳这些活儿。新中国成立前，她在陇县的基督教福音堂做针线活、绣花，当时教堂里的传教士走的时候，她就送给他一幅刺绣的八卦牌，那时候她就已经绣得特别好了。新中国成立后，她们全家就利用农闲时间做一些绣花枕头、裹肚、香包这些物件。1980年，陕西省当时第一次去北京展出民间工艺品，她的作品就被选上了，国内外对她的评价很高，之后就有一些国内外的艺术专家慕名而来看她的刺绣，她的刺绣一下子有了名气，买的人也很多。当时到我们村子来一是看我家的年画，二就是看王银凤的刺绣。

第二节 这里的风尚和年节习俗

关中地区历史悠久，文化发达，这里民间艺术门类很齐全，也很有特色。乡村的老民居就是优秀的艺术作品。一进村儿，你就会看到家家门楼高耸。一般老宅子朝南的都是双扇木门，钉钮和扣环齐全。门洞石鼓上刻有鹿鹤同春等吉祥图案，左右安坐着小石狮子或吉祥图案的门鼓。（图12）推门而入，庭院很深。青砖面土坯房左右排开，都是坐东朝西或坐西朝东一面盖的，上有起脊的阁楼，中间形成窄窄的天井。最为讲究的是门楼的砖雕，图案细腻，朴拙厚重。门额子往往写着"平和家兴"、

▷ 图12 南小里村带有石雕门墩的民居木门，此为常见的大门样式

"致中和"、"耕读渔樵"、"敏逊志笃"、"政通人和"、"尧天舜日"这样的字样,各不相同,古意犹存。我家门上的砖雕都是我父亲雕的,上面有"秦人遗风"[1]的门楣,隔壁家的门上有"耕读传家"的字样。我们年画里也有一幅"耕读渔樵",很能代表我们这个地方的文化和风格,我们这里虽然是乡下,但我们的门楼的匾额上刻的东西都特别有文化,"耕读传家"可以说是我们这里的传统,村子里的人都很重视小孩子的学业,我们村里面出的大学生也很多。(图13~图16)

据史书记载,唐代诗人杜甫、岑参,画家吴道子、王维,书法家颜真卿,都曾游历过凤翔,留下了不少名作传世。苏轼任府判三年,所留一百多首诗和《凤鸣驿记》、《喜雨亭记》、《凌虚台记》、《思治论》这些佳作,都流传到现在。明、清时,讲习张载"关学"的弟子很多,张默斋、张鸡山都是关中一带的名士。

≫ 图13 南小里村民居大门,砖雕门楼门鼓及旁边的天地神龛或土地神龛是不可少的。门楼雕刻细腻,具有浓厚的传统文化韵味

> 图14 南小里村常见的两进院的民居院门

> 图15 邰立平南小里家的砖雕门楼 邰怡作

年画世家 第一章 凤翔宝地我的家

> 图16 渔樵耕读
> 反映了打渔、砍柴、耕地、读书的田园生活，是凤翔年画中很能代表其文化特色的一幅年画，很有文人画乡村野趣的意境

郑士范、李正等考取解元，名列全省第一。抗日战争、解放战争时期，凤翔的文教事业谱写过光辉的历史篇章。

过年的时候西北农村年气很浓。家家户户都贴上门神，贴上对联，再贴上门旗（门笺）[5]，这些个东西贴上去以后，浓浓的年味儿立刻就显现出来了，才感觉是过年。我们凤翔也不例外，过年不光是吃吃喝喝的事儿。我们这里每年从腊月二十三小年开始，就正式开始过年了。每家都打扫房屋，家里头整个的打扫

图17 春节期间贴着门神、门旗、对联的邰家院门

一遍，换上新的炕席、炕围子，擦洗玻璃，有的家里要粉刷墙壁屋顶，里里外外要装饰一新。到了腊月三十下午，就开始贴门神、贴对联了。一般是这样，大门口除了红红的对联外，还有那种四字的小红门笺，上面写着"出门见喜"。在对联的横批上面还要贴上五颜六色的门旗，像那种刻纸一样，是花套字的那种形式，有"新年好"、"万事如意"、"财源广进"多种多样的吉祥语。最早的时候这种门旗也是剪出来的，最后慢慢的都变成了刻的。的确，老百姓得拿点东西表达过年这个劲儿。（图17、18）

我们这里贴年画的风俗一直很浓，不管穷富，都要买画过年。那时候，一张印在废纸上的年画卖5分钱，一个麻花也5分钱，老百姓宁肯少吃点，也要买张年画贴上。现在虽说不贴传统木版年画了，但胶印的"六神"画[6]几乎家家要买，还是得贴画

图18 邰立平夫妇摄于南小里自家院门前，春节期间大门贴有门神、门旗和对联

017

过年。贴完年画，还要"糊花窗子"，在窗子上贴上彩印窗花。（图19、20）大年三十快天黑的时候，每家都要放一串鞭炮，然后把这几天准备过年拆除的或打扫的垃圾扫到大门外去和那串鞭炮的纸皮一起烧掉，这叫做把一年的"陈旧"给烧掉，迎接新的一年。我们凤翔这一带，到了三十晚上，都要祭祖的。先挂祖先案子[7]，安顿祭品，摆放香、蜡、纸，而后祭祖仪式就开始了，男男女女都可以参加祭拜祖先的活动。到了深夜小孩子睡觉了，大人们还要守岁[8]的。

> 图19 常见的凤翔传统36格糊画窗花 2006年摄于凤翔南小里村

> 图20 凤翔南小里村贴着彩印窗花的花窗

到了大年初一，大人们把新衣服拿出来给孩子们穿上，就开始祭神迎神。家家争头香、放炮，气氛非常热烈。六神一个一个都要祭，烧香磕头，摆供品，全是素祭[9]。通常顺序是土地爷、老天爷、灶王爷、仓神、牛马王、龙王爷。（图21、22）祭神迎神是大人的事儿，孩子们跟在后边看热闹，帮忙擦个火柴、插个香什么的。一次上三炷香烧完就算祭完了。大年初一祖案通常都是挂在家中长子家里，族里的人都要来

▶ 图21 土地爷所在的神龛被称为"土地堂"，是凤翔民居中不可少的神龛，多位于大门外墙墙根位置

▶ 图22 老天爷是民间对天地神的俗称，其神龛也称"天神宫"。常供的是"天地三界十方万灵真宰"，是民间的一种全神纸马

这家拜祖先。过去大的家族都是这样的规矩，现在则是本家自己祭自己的祖案了。过去祭祖案的时候一般都是男子才能去，女的是不允许去的。初二以后开始走亲戚，家里只留待客的人，其他人都出去串门拜年。接下来几天，走舅家，拜望上司和亲朋好友。初五，舅舅给外甥买灯笼[10]作为回礼。以前我们这里初六开始就有灯笼集市，灯笼的图案也不少，有植物的、动物的，其中兔儿灯和火蛋灯笼最被大家喜爱。走亲串友的时候，顺便看看各家的年画，要是谁家贴得少，别人就会认为这家的年气儿不够。

过了初十，各村开始忙着耍社火[11]，高峰一直持续到正月十六。过去那个戏剧故事社火，都是一转一转地演，一个典故就是"一转"，大概几个、十几个人物一组。还有马社火、车社火、高芯社火。车社火都是以一个故事为中心，一辆车上站的人都是这个故事中的人物，比如"桃园三结义"，就会有刘备、张飞、关羽三个人。（图23、24）我们这边的社火很有名，人物装扮得也都很传神，有时候还会用纸、布等糊一些背景，大家都喜欢看。每年到了游社火的时候，县里的每个村子都要出几个社火，可以是车社火，也可以是马社火，大家都到县城去游一次，我们这里也叫"串社火"。每年的这个时候，全县的人几乎都

> 图23 民间闹社火是农历新年的重要活动之一，人们画上脸谱，扮成古代戏曲和故事中的人物，在车上游行，被称为"车社火"。左为三国故事"桃园结义"中的红脸关公

> 图24 "车社火"中"桃园结义"的猛张飞

挤到县城里来看社火，人山人海，都挤上楼顶去看热闹。高跷我们这里叫"柳木腿"，形式很多。一般都是演大家熟知的喜剧故事，演员的表情都很滑稽，为的就是逗得大家高兴，过年的时候图个喜庆。人们一般都喜欢挤着去看"柳木腿"。到现在，每年正月十五我们还专门到陇县去看社火，很多游客也去。正月十六，一般是我们这里年节的最后一天，我们这里有个活动叫"游百病"[12]。到了这一天，全县的老百姓，不管男女老少，除了在家看门的外，其余人都要出去"游百病"，走的路程远近不要紧，但都得出去逛逛，为的是祛病除灾。过了正月十六，大家就开始忙活自己的事情了，上学的上学，种地的种地，开始了新一年的工作。（图25）

» 图25 社火行进表演的热闹场面

农历四月初四我们这里还有一个很大的庙会，全县都很有名，叫"麦王爷会"，是敬麦王、祈求丰收的。这个庙叫紫荆山庙，也叫大庙，现在它是村中央小学所在的地方，就是过去的庙。大庙中间供奉麦王爷，两边还有好多神像。庙里的壁画相当精美，金碧辉煌。每年全县的人都过来赶会，参加物资交流。我常在这个会上买雕刻画版用的梨木，因为平日不好遇到。不过在凤翔年画里，对麦王爷没有反映，没把他吸纳进来。这儿以种麦子为主，要想丰收，必须拜麦王爷。这个神关中一带就凤翔有，是个地方神。他的造像我大概记得，戴王帽，穿龙袍，旁边有哪些神卫记不清了。我曾祖父邰润因为人缘好，过去每年庙会他就担当组织者，像个组委会主任似的。每年庙会都是由他来张罗，村里人每家都要交一些费用，用来买香纸蜡这类的东西，好多账务得有人管，每唱大戏、庙会的收入都由我曾祖父来管。麦王爷庙里面有四个大殿，有很多神像，还有月台，后殿里面很阴森，据说有偷家婆[13]，意思是哪家不做好事的话就会被她把娃娃偷走，村里人最惧怕她，每年都要去祭拜。这个活动一般要持续一个礼拜，后来发展为农贸交易会，越赶越大，每年都人山人海。

还有一个很重要的庙会是每年的七月初一在三官庙里举办的。每年办这个庙会的时候都要唱皮影戏，有时候会有两台戏一起唱，叫"斗台戏"，就是同时叫来两家戏班唱对台戏，请的都是当地有名的皮影班子来演，他们都很卖力，发挥得相当到位。过去老百姓特别爱看皮影戏，费用不是很贵。演戏的就十来个

> 图26 南小里村的姜嫄圣母祠，内供姜嫄圣母像

人，稍微搭一点小台子就可以唱，一唱便是两三天。以前唱皮影还有斗台的，我是一直看皮影戏长大的，到现还是对它情有独钟，搞搞皮影收藏什么的。后来庙会除了唱皮影还要演电影。就这样，南小里这一带总是热热闹闹的，文化氛围浓郁。这个地方的男女手都很巧，年画和织布绳是村里两大传统手工艺。一年到头，人们看皮影、唱大戏、逛会，在得到艺术滋养的同时，把自己的手艺也提高了。

七月初一的时候我们都要去祭拜我们的祖先姜嫄圣母。现在村子里新修了这座庙，虽然现在的信众大多是村里的老头老太太，我们这里叫他们善人老婆或善人老汉，但是祭拜仪式和过程还是很隆重的。很多老人们在这天都用自己积攒的零花钱去上布施，主要是为家里的子孙后代们祈求安康，我妈妈每年都要挂着拐杖去那里上布施，这已经成为了一种习惯。我们村的人每年除了要在本村敬姜嫄圣母，每年农历三月十五的时候，还要去周公庙去敬姜嫄圣母，周公庙在岐山县城北，那里主要是敬周公的，但也有一个姜嫄圣母殿，里面有记载说姜嫄是我们这里的人，敬姜嫄也主要是为了保平安啊、祈雨啊什么的。（图26）

从上个世纪50年代，民俗活动沉寂下去了。新中国成立后，大庙被改造成初级小学，神像全部消失了。我小学前四级就是在那里读的，今天情况还是这样，我家三个孩子，都在这儿上过学。三官庙又叫小庙，只有一个大殿，被大队管委会当做办公室了。南寺庙变成了医疗站。大概在1976年，村里又修了戏台，就建在村中央。皮影、大戏都在这儿唱，一年有几拨，多少恢复了一些当年的氛围。

第三节　儿时的记忆

凤翔周围自古就留传有"小里村娃娃一丁丁，从小就会画门神；申都村娃娃一点点，拿个钢针钻眼眼；马村娃娃生得怪，不是赶车就卖菜"的民谣。马村、申都村是和我们小里村挨着的两个村子，这句话也一直在我们这里流传着，也足以证明那时候的年画都是手画的。后来需要门画的人日益增多，光靠笔绘生产太慢，供不应求，才试验用木版刻制墨线门画。手染加笔绘填色彩，增加了年画的产量。这个民谣应该是我们邰家木版年画从绘到印的演变的一个缩影，也是关于凤翔年画的最早的民间依据，这里的娃娃都知道这个民谣。

我1952年冬天生于凤翔县城北关，和家人一直住在凤翔县城，到5岁那年我和父亲回到农村，但我从小就不喜欢待在县城，而喜欢去老家玩儿。老家热闹，玩的东西也多。我小时候喜欢和大伯家的堂哥邰安平一起玩儿，他也会做年画、砖雕，人也很好，给别人帮工就是帮忙，从来不要报酬。但他的境况不是很好，经济上比较困难。我小时候就是和他一起去老家的碉楼上去看版，把人家的老书翻出来看。我家原来有个碉楼，那个碉楼有三层，最上面那一层就只有个屋顶，其余的两层长宽各5米的碉楼上满满当当放的都是版，中间的空隙仅仅能过去一个人。我当时三四岁，家里人都不让上去，因为那里面很黑，只在墙壁上留了几个洞眼来透光，后来把那些版就挪到了我们老屋（我二爷住的那个院子）的楼上，那是个前庭后楼的房子，挪过去后我也上去看过，因为这个楼的楼梯比较平稳，所以家里人也不怕孩子掉下来，也让上去玩。当时在那三间大房的其中一间靠房檐的一边人是可以上去的，在最里面的那间楼上放的全都是画版和线装本的书，这都是我小时候亲眼见过的东西。后来分家的时候，把这些家产分了5份，老屋有一大部分都留在了我家这边，这就是我年龄最小时的印象。至于其他家，估计也有版，但都是零零碎碎的，数量不会太多。

小时候的生活，爷爷给我的印象最深。我爷爷会刻版，他做了一辈子的年画，尽管当时也年近七十了，可他还是闲不下来，制作年画对他来说，已经成了一种习惯。

我爷爷一生也很坎坷。他对艺术的确很执著，他作为一个农民，一个农村民间画匠，闲下来不是想要刻个根雕，就是想要搞个木雕，要不然就刻一块版。他老是有那个兴趣，撂不下那个活儿，过去就是这样的。我看到我爷爷有一个小桌子，经常放在房间里面，他不干活时桌子也要放在那，闲下来他就去刻一下。

当然他的刻版都是藏在桌子里，他在家的时候我不敢看，只要他一走了，我就拿出来摆弄。所以我从6岁起，受到爷爷的影响，开始接触到木版年画。经常是我爷爷刻版的时候，我就趴在他的桌子旁边看他刻，他每刻一刀下来的木头渣我就给他吹掉。有时候，他要是有什么别的事离开了，我就拿起刀子在他的版上刻起来。由于我大多是一种玩儿的心态，所以经常受训斥，他批评我，怕我给他刻坏了。也就在那时，刚刚6岁的我就开始对年画产生了兴趣。那时家里做年画，我就跟着填颜色。一直到了9岁那年，父亲让我学着刻版，他给我磨好刀子，给我一块简单的窗花版让我自己琢磨着刻，他不太管我，当然他也没有时间管，因为他白天要劳动，很忙。晚上下完工回来，他自己也刻版，所以我就在下午放学后，开始跟着他刻版。后来我父亲看我刻的版还可以，他也就放心地让我刻了。我就这样从9岁那么大就开始动刀子刻版了，当时由于年龄小，手上也没什么劲，刻几下就觉得累得不行，拿不住刀把了。

1964年，我小学毕业，那时我12岁，开始了正式刻版。当时好多小版像桃子、石榴、牡丹花这些瓜果花卉的窗花版都是我刻的。当时刻得的确不是太好，只是会刻而已。年画的刻版想学会很容易，但要刻得好，需要相当长的时间。当时我们家的经济很困难，我们姊妹5个，都要上学，仅靠我父亲一个人劳动来养活一大家人，所以做年画已经成为了我们家的主要收入来源，每年从冬季开始，晚上基本上就不怎么睡觉了，我写完作业后就开始做年画，装窗花、装"门芯子"，一直持续到晚上12点，有时候晚上12点还要吃顿饭继续做，有时候干到凌晨2点，第二天一早还要拿到集市上去卖，常年都是这么做，所以我从小就是这么熬夜熬过来的，一直到现在，几十年的时间都是这样。

本章小结

  当我开始整理一次次的聊天和访谈录音时,才发现,通过多次系统的访谈,我才真正了解了他的童年,他所生活的一方水土的习俗和文化传统,这些原本是历史书中的东西,从他的口中讲出来,便有了鲜活的气息,那些中国古老文明的气脉在他的口中、在他的画里活跃了起来。这就是口述的力量。他带着对家乡的热爱和自豪感,讲述了凤翔县这个有着厚重的文化和文明风尚之地的故事,讲述了他的愁苦而又充实的童年生活。而这一切,似乎都像一种宿命,从一开始就伴随着他的年画生涯。

  生在年画世家,如何躲得掉这样的土地赋予他的命运?邰立平多次感叹,这是他的命,就这样了。

注 释

[1] 宝成铁路：指的是成都到宝鸡的铁路。
[2] 秦景公墓：秦景公名石，是秦穆公的第四代世孙，公元前577年即位。葬于公元前537年。实际上，秦朝多个朝代的统治中，一直是以此地的为政治中心的。
[3] 姜嫄圣母：姜嫄，上古时代陕西省武功县人，原为炎帝后代有邰氏的女儿，传说她踩巨人足迹而生下后稷，取名弃。后稷教人务农，成为中国的农耕始祖，也是周人的祖先。后被奉为农神。弃成了农神，姜嫄也被后世尊为圣母。今武功县武功镇的南门外仍有姜嫄圣母墓、圣母祠正殿悬有"母仪邰城"的巨匾。
[4] 秦人遗风：秦都雍城遗址位于凤翔县城南，其宗庙遗址是迄今为止发现的规模最大的先秦礼制建筑群。雍城是秦国从秦德公（公元前377年）到献公（公元前383年）290多年间秦国政治、经济和文化的中心，对后世产生了很大影响，故凤翔人多称自己是秦人后裔，其风尚也称为秦人遗风。
[5] 门旗：各地对门笺的称呼不同，关中一带称为门旗，山东称为门笺，也有的地方成为挂笺或挂钱（谐音）。这一习俗据说来源于姜子牙的夫人，她被封为穷神，但"见破即回"，所以，为避之，人们剪破布帛或纸张挂在门上，令穷神远离。实际是一种趋利避害的吉祥心理下产生的民俗艺术，新年张贴，寓意吉祥。
[6] "六神"画：凤翔年画中的"六神"画是比较独特的一类，"六神"指的是与人们生活关系密切的家宅六神，有土地神、天神（也称天地全神）、灶神、龙王、仓神、牛马王。
[7] 祖先案子：也称为祖先像、家堂画、祖影像、祖先牌位等，是北方各地祭祀祖先时悬挂或张贴的祖先像一类的宗族族谱或画谱。
[8] 守岁：春节期间我国南北各地共有的习俗。即是在腊月最后一天的除夕之夜，人们不睡觉，包饺子、吃年夜饭、接财神，以迎接新年的来临。
[9] 素祭：即是没有肉类而仅用草豆、清水、其他果品等作为贡品的祭祀活动。
[10] 舅舅给外甥买灯笼：传统的年节习俗中，正月里或正月初二，舅舅都要为外甥送一盏灯笼，以保佑他来年顺利。送给新婚之家，寓意"填丁"，则有祝早生贵子之意。
[11] 耍社火：社火是陕西的一种民间艺术表演活动。
[12] "游百病"：也称为"走百病"。正月十五或十六，外出游走，被认为能够祛除百病和晦气，故名。
[13] 偷家婆：即指偷小孩的巫婆，是当地对此类邪神的一个俗称。

第二章

周边的年画作坊和邰家的年画谱系

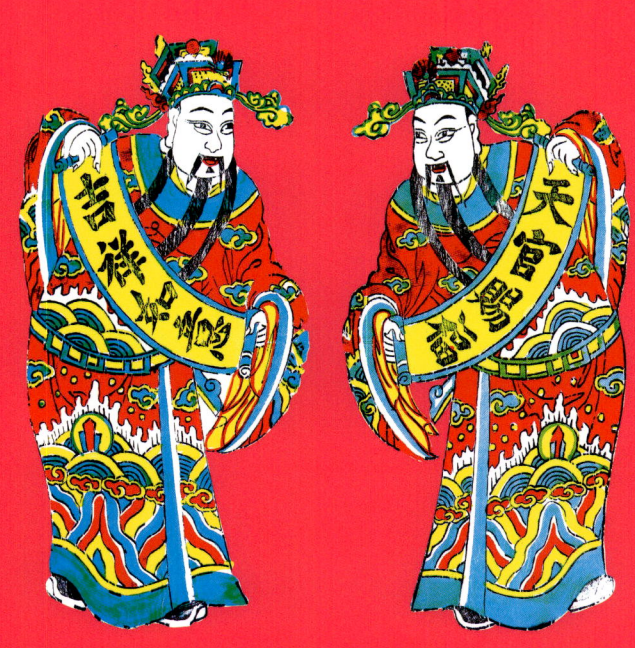

TAI LIPING IN THE TRADITION OF HIS ANCESTORS
An Oral History of the Chinese Woodblock New Year Printing

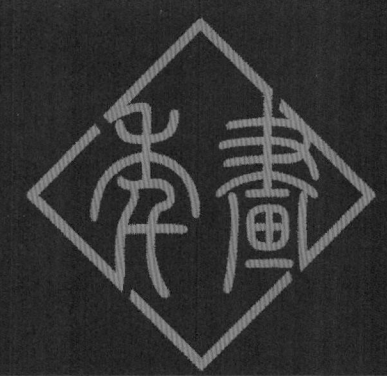

本章综述

  本章对凤翔年画产地的重心南小里村、北小里村和陈村镇等曾经的年画生产情况进行了挖掘。过去一谈到凤翔年画，都是泛泛地提到小里村（也称做肖里村）。通过深入考察和采访发现，凤翔年画的总体面貌是由南小里村为代表的多个村庄包括周边的北小里村、陈村镇乃至标角镇的作品构成的。在这里，南小里村的世兴画局是核心作坊，它的重要地位是由其世代相传的年画作坊和大量的作品决定的。邰家的年画传承谱系的整理是非常重要的，从有记载的字号作品来看，目前最早的作品是邰家6代以上传人的作品，这还是从邰立平这一代算起向上推算的代数。从相关的家族族谱的记载推断，从明代正德二年开始的邰家年画，至今足有20代的传承历史。从作品及其字号看，邰家的传承谱系是十分清晰的，而世兴画局的脊梁地位也是显而易见的。它的兴衰演变、波折起伏，都是时代和社会的一个缩影。

第二章 周边的年画作坊和邰家的年画谱系

第一节 我们村周边的年画作坊

我父亲曾经给我讲过，新中国成立前年画最盛的时期，南小里印制年画的最多有 80 多户，一多半做年画的人家都数量不等地有些画版，有一少半的家庭都是没有画版的。北小里有 30 多户，也有七八家比较小的画局，他们那里一般都是每年做年画的人家雇几个人，最多的也就十个人左右做活儿。有版的人家也很少，很多印画人家的版都是借来的，也有赁来的。

北小里本村设计的年画，风格比较像现在的农民画，大体上说与南小里的差不多。过去，附近几个村的年画样子都比较接近，是因为那时人们还没有什么版权保护意识，自己觉得哪家的画卖得好，样子比较好看，就买一张回去自己翻刻，有时候稍微改动一下，有时候就直接按样刻成版来印，就这样把别人的东西变成自己的了。这种仿刻的年画拿到市场上也可以卖，创作这幅画的人家也不去干预，过去的人们都是

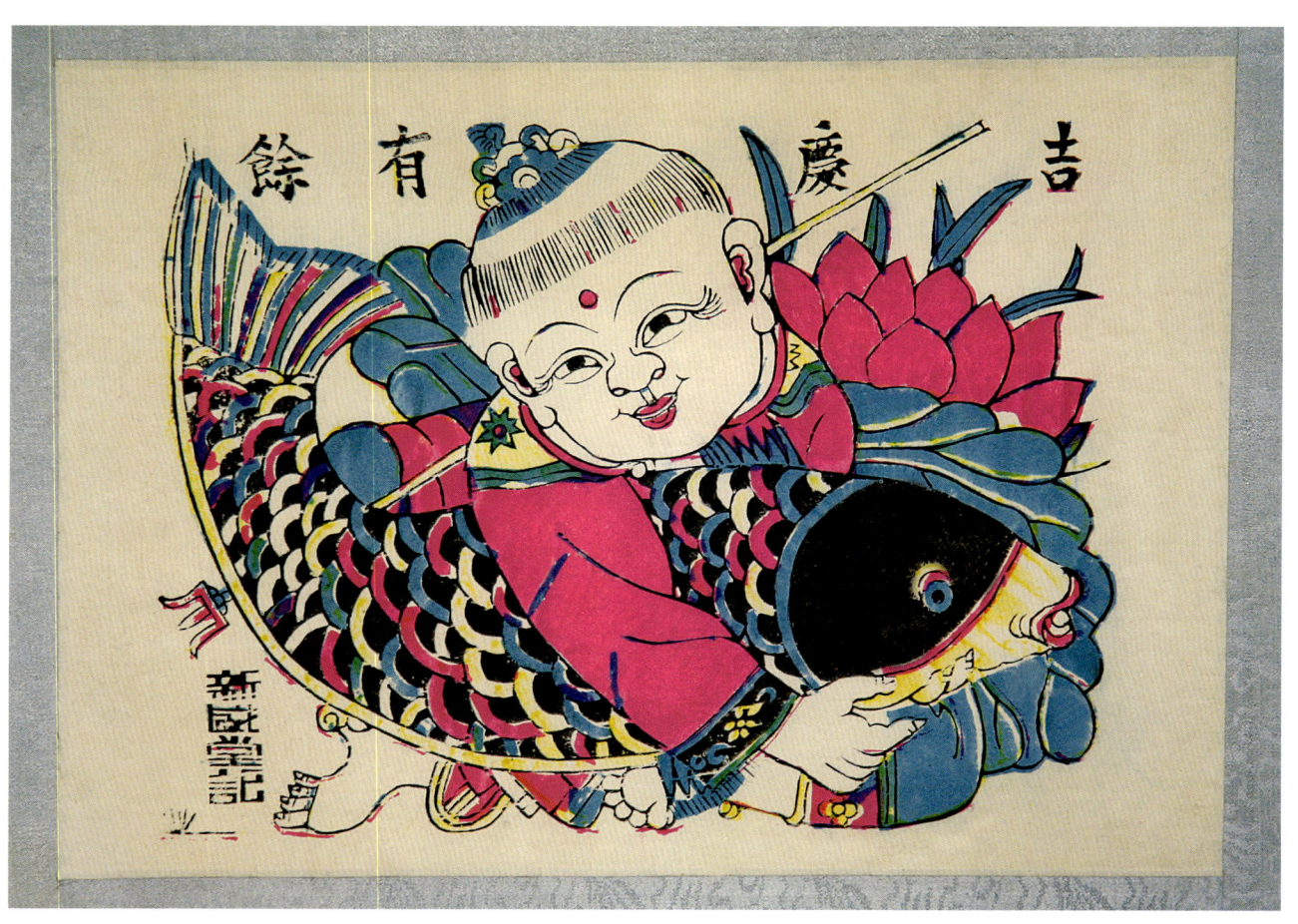

▶ 图1 吉庆有余 凤翔北小里 新盛堂记 35公分×45公分

在一起生活，见面和接触的机会多，人与人之间相处得都比较和气，也不去追究盗版不盗版的事。

北小里的年画产生时间基本上和南小里的差不多，稍稍比南小里晚点。他们那里的稿子没有请专门的画师设计，主要也是因为经济上不允许的缘故。过去请画师多数也不是给钱，只是给麦子和其他吃的东西，画师就像那种打短工的人，他们的工资常常用粮食来抵，因为那时很多人的吃饭还是有问题的。过去人的生活水平普遍很低，一个村子也就有那么两三家是比较富裕的，像我们家的生活水平在村子里算是上等了，但也没有吃过用纯小麦面做的馍，一般都是要和玉米面、高粱面混起来做。我们南小里过去能刻版的人多，有四五个有名气的刻工常年被北小里雇去刻版。福善画局那个字号就是北小里的。北小里的窗花题材比较多，比如《四季花》等。北小里年画中比较细腻的年画样子大多来自南小里和陈村镇，因为北小里自己年画的风格是比较粗犷的，花瓣都是大朵大朵的。窗花里面也有一些戏曲的，像《吉庆有余》、《卢林搜府》等。（图1、2）

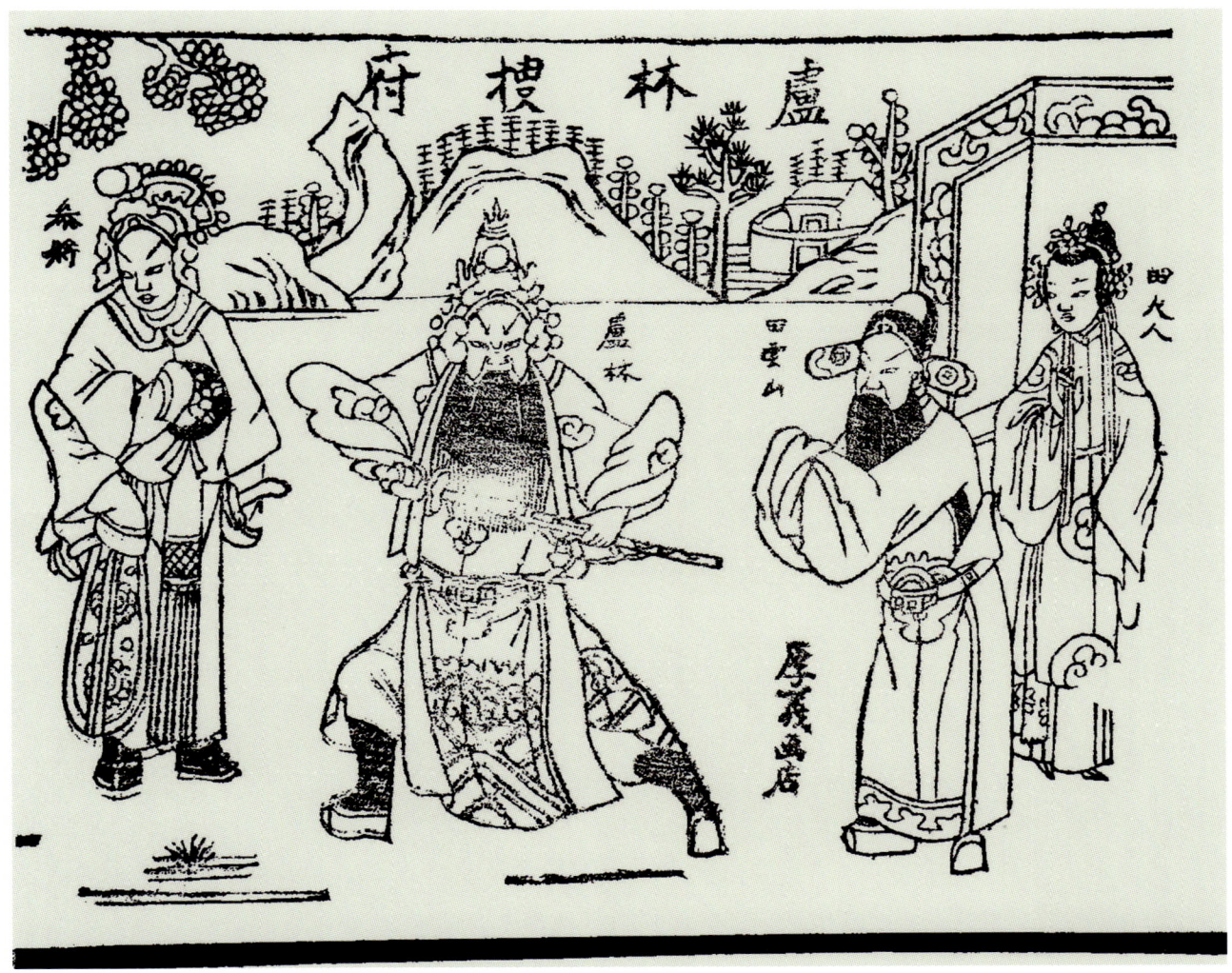

➢ 图2 卢林搜府 凤翔北小里 厚义画店 35公分×45公分
故事源自《蝴蝶杯》，卢林之子卢世宽是个横行霸道的恶少，被人打死，他因为儿子报仇，便收房、查船，前后五堂审案。结局是他阵前临危被田玉川救得一命，感激之余将女儿许嫁，田说破身份后翁婿关系既成事实，只好尽释前嫌。

年画世家　第二章 周边的年画作坊和邰家的年画谱系

› 图3　大耳仙　幽默故事画　35公分×45公分

　　陈村镇在凤翔县城的西南，是凤翔去宝鸡的必经之地，交通比较便利，离凤翔县城9公里左右，集市贸易比较发达，现在也是如此。陈村镇的年画比较讲究，它的设计很近似于插图画，这是因为陈村镇的经济条件相对来说较好，他们的版都是请南小里的刻工给刻的，有时候印画也是找我们这里的人去给印。陈村镇过去是凤翔县经济条件最好的一个镇，他们那里做农贸生意的人比较多，到现在陈村镇也是凤翔县经济最好的。凤翔有两个重镇，一个是彪角，一个就是陈村镇。彪角的饭做得特别好，很细致，那边的人用我们当地的话说就是特别能干，那边的刺绣也做得特别好。

陈村镇那边主要有三家年画作坊，一家是"陈镇李记"，一家是"张记"，还有一家"兴顺局"。这三家后来我们县文化馆都去考察过。我父亲在改革开放后也去过三趟陈村镇，后来知道大概是1947年左右，陈村镇就没有人再做年画了。听说其中一家迁到外地去了，没了音信，别的家也不做了，留下的一些版现在保存在县文化馆。后来我估计《四季花》的那幅应该是陈村镇的。还有"扫地休伤蚂蚁命"那幅，这幅刻功特别好，而且在内容上已经有了环保意识了，从服饰、风格来看，像是明代的风格，品相也比较好。（图3~图5）

彪角离我们南小里有6公里，离县城有30里，在我们的正东南。这个地方当时比较封闭，民间美术保存得相当好。一些画匠大多都是彪角周围的，比较著名的像老苏师、豆师都住在那一块儿，离我们这里

> 图4 四明山 35公分×45公分

故事见《说唐演义》第三十五至三十六回。隋炀帝因宇文成都战败呕血，急命人至太原召李元霸来援。李等来至瓦岗寨，遇裴元庆，双方交战，李对裴击以三锤，裴不敌而走。

▶ 图5 国泰民安 风调雨顺 70公分×45公分

这是凤翔传统年画中贴在内门上的一对文门神。天官造型来自明代"天官赐福"剧目中的"跳加官"形象。怀抱如意,手托圆盘,盘中分别放置爵(象征官位)、鹿(谐音禄,象征发财)头戴锦花天官帽,身穿锦绣蟒袍,三缕长须是其造型的典型样式。

也很近。他们那里的刺绣艺人、画匠很多。岐山那边的五丈原、周公庙里面的壁画都是这里的画匠们画的。这些画匠以前在很多地方都画过庙宇壁画，可惜现在这些古庙都没有保存下来。（图6）

≫ 图6 凤翔县十里铺村关公庙庙廊画
庙画是民间画工画在寺院墙面和房檐等处的装饰画。关公庙壁画采取工笔重彩画法，具有浓郁的晚清民间绘画风格。

清末民初时，凤翔年画发展繁荣起来，从光绪十年（1893年）到1929年，南小里、北小里、陈村镇这三个村从事年画生产的作坊都具有一定规模，年画品类也越来越丰富，光是大小门神就有40多种。

新中国成立前年画兴盛的时候，南小里村光大大小小的画局（新中国成立以后称画店）就有10多个，做年画的大概有30多家。最盛的时候大概有六七十家，但六七十家当中有很多就只做一两年，他们看画局卖得好的话他们就借一些版过来做，自己其实没有多少版的。"文革"后恢复年画制作，还是有这么一拨人——靠借版印画的，自己有版的作坊就是一直在做的那十几家，一般是一个家族的，这个家族的哪户想印就借去印。那时版的数量有限，寿命也有限，很多人现在说自己的版有多少年历史了，是指那些不太常用的一些版，常用的版其实寿命是很短的，像我家现在保留下来的《雄鹰镇宅》，从明代保存到现在，但正是因为它不太常用，每年也就印几十张，所以能保存得比较好。（图7）但像《吉祥如意》、《天官赐福》、《骑马秦琼》、《骑马

▶ 图7 雄鹰镇宅 136公分×68公分
此画为邰家保留时间最久的明代老版所印年画。整张的大幅年画。与另一张"锦上添花"凑成一对，作为中堂画，贴于厅堂中央。

年画世家 第二章 周边的年画作坊和邰家的年画谱系

038

▶ 图 8 吉祥如意 天官赐福 45公分×35公分
一对文门神画,天官手持天书,是最常见的门画形式。

敬德》这些，每年每户都是生产上万张，这些版就算刻得深一些，印两万张也就刷平了。（图8）我从1980年到现在，像《骑马秦琼》《骑马敬德》的版，我已经用第三茬了。前两茬的版都已经用不成了，有的人要收藏就卖掉了。因为以前我也没有保护的意识，所以看版子用得差不多了就卖掉了。现在我的"骑马秦琼""骑马敬德"的小版手头就有四套，一套印得差不多了，我就保存起来了，再换一套新的来用。其他两套版子的料薄一些，是为了外出参加展览和表演的时候带着方便的。

1952年开始，[1]我父亲进行过一些年画改革。当时把一些旧的年画都去掉了，因为这类传统题材的不让上市卖，我们就做一些适应新时代社会发展的新年画，当然这个也是应该的。当时我们创作的新年画就有民兵、战斗英雄之类的。因为年画的历史很悠久，年画在民间已然形成了一种大红大绿装饰品的概念，后来创作的年画从内容上虽说不错，但是从装饰性、喜庆热闹感这一方面还是不对老百姓的口味，再加上当时创作有点急躁、有点唐突，有些新年画在一两年之内老百姓还可以接受，但是1954年以后，老百姓已经感觉到这些新年画不是很喜庆了，有些装饰性也不是很强。所以新年画慢慢地就消失了。后来市场销售的结果是：传统旧年画仍供不应求，新年画多数积压。到了1957年，又恢复到全部生产旧六神、门神和传统年画的状态了。

"文革"期间，传统年画在创作这方面就出现了一个断层。当时在国内不光是我们凤翔年画，其他地区的年画也一样，这一断就断了十几年，也势必让传统的审美情趣不能很好地传承下来，我们再要做一些创新画也很难再和老百姓的兴趣合拍。新年画仅仅兴盛了两三年的时间，后来人们还是喜欢传统年画的那种韵味和那种感觉。

1958年以后，在凤翔地区，我父亲是第一个开始恢复做年画的，过了三四年以后，别人看卖得不错才开始跟着做。一开始有10几家，后来整个凤翔县有30多家跟着做窗花、"门芯子"[2]。"门芯子"是手绘的，一般情况下，没有绘画基础的人做不来，只有买了我们家的画回去照着做。三年自然灾害，人们吃饭都成问题，根本买不起版来做年画，所以当时就只刻个线版，其余的色彩都是用手工来填的。那时候，做"门芯子"的人家都是晚上一家人围在一盏煤油灯旁边填颜色，第二天再拿到集市上去卖。

第二节　我们邰家的年画谱系与字号

我们家以前有一幅祖案。据我父亲讲，这幅祖案是明朝正德二年绘制的，正德二年以前只记载着"邰氏历代宗祖之神位"这句话。后来慢慢地在这幅祖案上，谱记了邰姓11户人家先祖的姓氏名号，当时就记载有8家从事木版年画副业生产，一家还曾做过翰林学士，其他两家专业务农。现在看来这幅祖案对于我们邰氏年画的历史还是很重要的一个依据。我小时候听大人们讲过，根据祖案记载，我们祖上有一位叫邰文焕的人曾在明末清初的数十年中，从事木版年画的生产。清顺治元年，邰文焕逝世，直到清乾隆年间，尚未记载有木版年画的生产情况。当时按照我们的风俗，祖案放在谁家里，过年的时候就要去谁家里祭拜。因为这个祖案保存在邰顺家里，所以每年在正月初一这天，南小里村凡是姓邰的各家大小男人，都要带上祭品，到邰顺家中祭奠祖先。这个祭奠祖先的习惯，大概一直持续到民国时期才中止。在抗日战争时期及新中国成立后，祭奠祖先的习俗慢慢地变得不那么重要了，祖案虽无全村本族人来祭奠，但在每年的正月初一到十五，还是要挂出来由本家人来祭拜的。这幅祖案后来由邰顺传给他的儿子邰正荣，邰正荣又传给儿子邰润，邰润逝世后，又由他的大儿子邰世勤也就是我爷爷保管，一直到1964年"破四旧"运动开始，我们家的年画是重点破除的对象，大家那时候是小心翼翼的，连养家糊口的年画都怕保不住，也就更不敢再把这个祖案挂出来了。"文化大革命"一开始，我爷爷就怕这个给家里惹上麻烦，就偷偷地给烧掉了。算起来，这个记载凤翔木版年画创始的唯一珍贵实物大约也存在了好几百年的时间。

我爷爷邰世勤在经营期间，把凤翔木版年画艺术水平推向了顶峰。在我们的家谱里面有名字记载的是我之前的5代，第一位有实名的邰顺，从清乾隆五十五年（1790年）开始，根据邰顺家谱记载，邰顺继承祖辈所传画业，经营有万顺画局，后改名为顺兴画局；清道光十五年（1835年），邰顺的儿子邰正荣改为荣兴画局，这期间南小里从事木版年画的人家，约有10多户。邰顺的孙子邰润时没有再创名号，继续沿用了荣兴画局；我爷爷邰世勤有兄弟5个，他们都是"世"字辈，所以后来成立了世兴画局。

历史上凤翔年画的兴盛时期其实都是和自家的字号与名牌产品密切相关的。那时候来买年画的人跟现在人买衣服看牌子一样，他们一来都点名要世兴画局的名牌产品"金三裁"年画[3]。西北地区很多购买年画的人都知道"金三裁"是凤翔年画的明星产品，在市场上也是销售得最好的年画品种。清代后期，凤翔年画生产基地除南小里村外，还有北小里村、陈村镇。这三个村中，有正式画局字号的作坊也有五六家，主要种类有大门神、大墙画、其余多为中小型门画。画样大多据当时流行的年画增补翻刻，那时候的老字号代表了一个家族的年画生产盛况，人们只要一说起一个字号，尤其是年画生产规模比较大的字号，就会联系到这个家族，还会说出很多关于这个家族的故事来。

近代记录凤翔木版年画最早的文字是源于我父亲邰怡写过的一篇《我所经历的凤翔木版年画》[4]的文章。根据我父亲的整理和我的推算，我家的年画谱系是这样（谱系中所示的时间指的是画局存在的时间或某人从事年画制作的时间）：

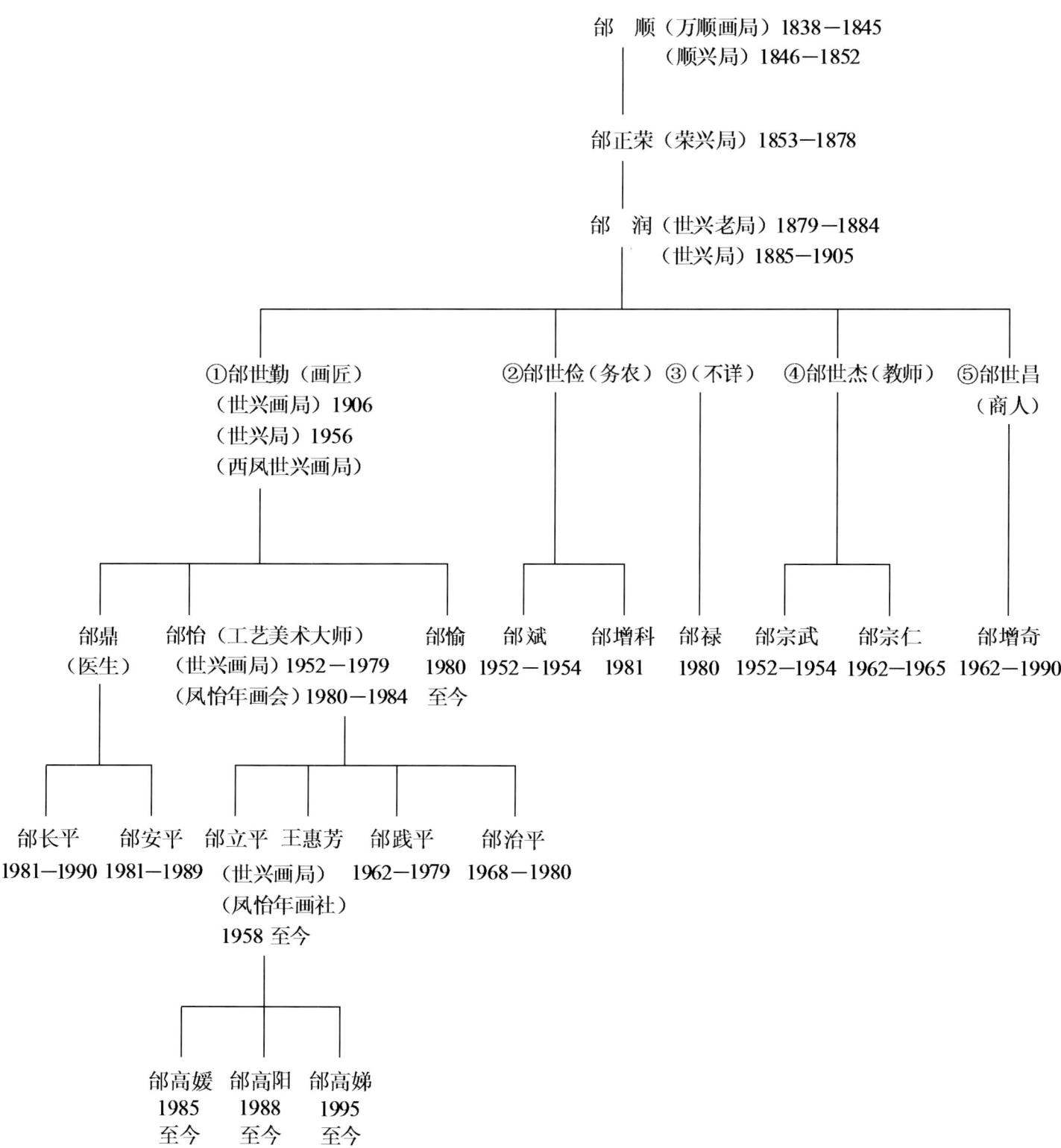

第三节　我们家的世兴画局

在我家的这些画局和字号中，可以说影响最大的是世兴画局。它经历了邰家几代人的经营和支撑，成为我家历代字号中最为著名的画局。我家年画制作水准最高的鼎盛时期也是在世兴画局期间。值得单独说一说。

关于世兴画局，我父亲还专门写过介绍文章，把它的演变情况也搞得很清楚：

世兴画局创建于清光绪二十三年，更名于1940年，中间历时35年。

世兴画局的前身叫荣兴画局。世兴画局于1940年更名为信义画局。到1981年改组后，改名为"凤怡木版年画特艺研究会"。

荣兴画局的主要代表人是邰正荣。（图9～图18）清咸丰三年以前，追溯到清嘉庆年间，主办画局的代表人是邰顺。

▶ 图9 槐荫相会 邰润时期作品 45公分×35公分
故事源于《天仙配》织女与董永的爱情故事，明代以来流传于陕西关中一带的皮影戏中就有此戏。画面有很浓郁的明代民间版画风格。

年画世家
第二章 周边的年画作坊和邰家的年画谱系

> 图10 麒麟送子 邰正荣作 45公分×35公分
> 早期的凤翔年画具有简约风格，画中天仙怀抱仙子，仙子手持莲花，寓意连生贵子。

> 图11 二进宫二册 邰润时期作品 45公分×35公分
《二进宫》，秦腔戏，又名《忠保国》。宋代李良谋篡，李妃独居悔叹无奈之，徐彦昭、杨波二次进宫进谏，李妃遂以国事相托，后杨波领兵，诛斩李良，保住了江山。

图12 婆孙喜 爷孙乐 45公分×35公分 民间风趣年画，表现人们丰衣足食后的晚年幸福生活

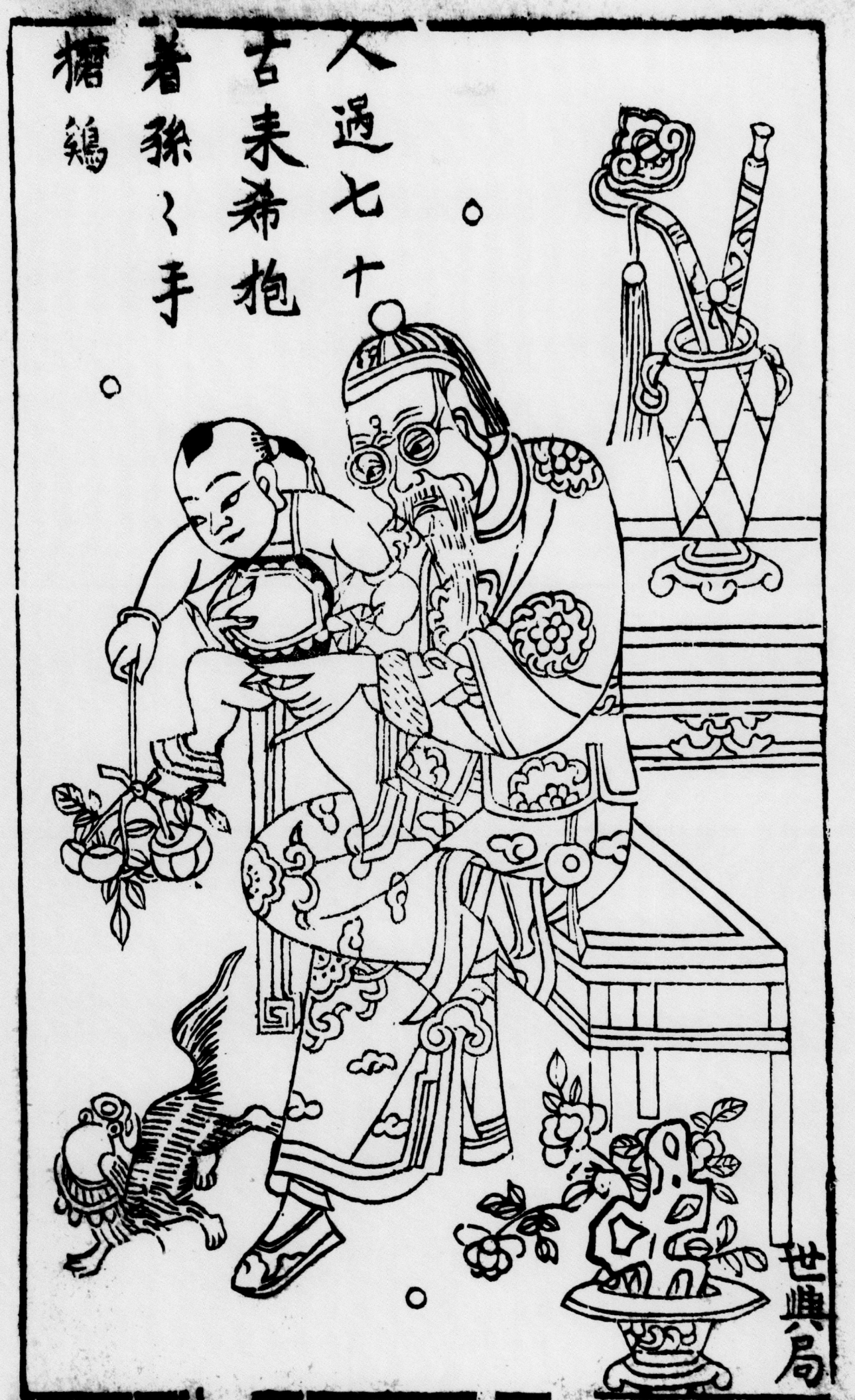

> 图13 关圣帝君 邰润时作品 翻刻 45公分×35公分
> 关圣帝君，也称关公，即三国时期人物关羽，南北方同供。也被视为财神之一。

> 图14 全家福（三、四册） 45公分×35公分
> 隋文帝（杨坚）时，西蜀茂州寨秀才韩瑶奇被黑水女王黑莲秀掳做驸马，后与儿子阵前相认，两国遂讲和。后韩随船返回家中，全家团圆。

▷ 图15 白猿孝母
45公分×35公分
故事源于晋人葛洪的《抱朴子》和唐人的《续江氏传》。白猿之母病重思桃，白猿往孙膑桃园偷桃，孙膑念白猿孝敬母亲，乃赠桃，猿母食后病愈，白猿为报救母之恩，便将洞中所藏兵书献给孙膑，后孙膑终成齐国一代名将。

年画世家　第二章 周边的年画作坊和邰家的年画谱系

≫ 图 16 满堂富贵 荣兴画局画样 35公分×45公分
画中童子手托象征长寿的桃子，是典型的清代中晚期年画童子造型。牡丹花瓶象征平安富贵，蝙蝠象征幸福。

图17 司命主 邱正荣作 30公分×20公分 此类灶王像主要销往宁夏，也称宁夏灶。

051

年画世家 第二章 周边的年画作坊和邰家的年画谱系

> 图18 蟾宫折桂 邰正荣作 45公分×35公分
> 蟾宫折桂,此语出自《晋书·郤诜传》。蟾宫即月宫。攀折月宫桂花比喻科举应考得中,是传统吉祥仕女娃娃画题材之一。

根据我们家谱祖案考证,在清代嘉庆年间,邰顺已经从事年画副业生产。当时主要生产大幅门画、墙画挂屏这些。生产方式还是那种木版印刷墨线、手染彩色的半印半绘形式,产品在本省和甘肃部分地区销售。到清咸丰三年,邰顺之子邰正荣继承父亲的年画事业,与子邰润进一步发展扩大,成立荣兴画局,除了本家父子参加年画生产外,还雇请3~5人生产。邰正荣去世后,清光绪二十三年,邰润又继承了父亲邰正荣的年画事业,带领5个孩子,从事这一传统副业,把荣兴画局更名为世兴画局。

世兴画局的主要负责人是邰润,从清光绪二十三年成立画局到1940年邰润73岁去世,经历了35年时间。1940年后又改名为信义画局。所以人们经常会看到不同的字号和字体。

清代末年至民国初年,凤翔木版年画开始进入快速发展期,1921年至1936年,是凤翔木版年画最盛时期,生产年画的三个村子的作坊有一百多家,这其中以当时南小里的世兴画局规模最大、技艺最高、产销量也最大。其他的南小里的忠兴画局、树德局、北小里的复兴局、兴盛画局只能生产,但缺乏设计和雕刻技艺。世兴画局是继承了清代嘉庆、道光年间的荣兴画局年画事业(后在清同治年间由世兴局改名为世兴画局,又叫西凤世兴画局)而来的。由于世兴画局历史悠久,设备和生产工序齐全,年画事业一直在不断发展、提高扩大。就这一家,在抗战前(1936年以前)年画品种就有370多种,年平均产量在300万张以上。1936年这一年,世兴画局的年画产量就达到420万张。这其中有70%销往甘肃,部分销往宁夏、陕西。

在"画页"的题材内容方面,80%生产的是3开横幅年画,最受欢迎的是历史、神话故事题材。像神话故事中的《西游记》,是连环画的形式,据我父亲留下的文字材料,从"猴王出世"到"六月亮经"共有37幅,包括了《西游记》中"九妖十八洞"的主要内容。(图19)除《西游记》故事外,还有《封神榜》片段故事,尧、舜故事,东周列国故事,两汉故事,唐代的征东征西,《岳飞传》和《白蛇传》,《游龟山》

图19 六月亮经
35公分 × 45公分
故事见《西游记》,画面描绘的是唐僧师徒将掉入通天河的经书捞出后在岸边晾晒的情形。

年画世家 第二章 周边的年画作坊和邰家的年画谱系

> 图20 白狼过秦川 近代 35公分×45公分
> 白狼是民国初年农民起义领袖，曾转战湖北、河北、陕西、甘肃一带，此图是途经凤翔的一场。起义后在青海失败。

等，还有儿童图、百美图，近代故事如《白狼过秦川》最驰名，有男女劳动人民生产和工商交易的写实，关爱老幼的写生，还有品画、花鸟等，画页中还有一部分是8开页的画片，这种画页，主要表现历史英雄人物（每页突出1~2人），姿态多样，艺术水平较高，很受群众欢迎。（图20）还有十多种1开（整张）大幅墙画，如《孔雀戏牡》《丹凤朝阳》《锦上添花》《雄鹰镇宅》等。

在门画中，有方弼、方相、秦琼、敬德、加官进禄的天官。还有骑马、骑虎的秦琼、敬德与《刘海戏金蝉》《镇宅判子》等。

其次，世兴画局生产的窗花（窗花中分条格方格，条格多销在本省，方格大部销往甘肃，光方格窗花就有30多种），主要有博古、四季花竹、四季果木、人物故事等。因为风格独特、色调鲜明，在甘肃负有盛名。

除了上述品种外，该画局还印刷神案神桌前吊挂的大幅，"双龙"保造、钱马这些产品，虽产量不大，按陕西习俗，祖先案及神案（桌前）都要挂一幅，其目的在祈福降财。

除了生产上述产品外，世兴画局还在每年的春季生产一部分画张，老百姓叫这些画张"谷雨"或"谷雨单"。

在艺术水平上，西凤世兴画局真正是按套印和手绘相结合的方法制作年画，一般画张，套印单色、复色，在12次以上，包括墨线、黄金、草绿、深绿、水红、大红、鲜蓝、紫色、深蓝、淡墨、浓墨等。一部分还印银，套撒金色。在手绘工序上，计有刷天景和地景、刷水景和石景、上淡墨、上淡蓝、上淡红、上像粉、染胭脂、开红光、开眼光、描点金等10道工序。这类画张在1936年先后销往各地，最受欢迎，特别是在甘肃，人们当时对这类画张起了个"金三裁"的称号。

由于"金三裁"年画艺术性强，别具一格，遍销中国西北各省，名闻中外。新中国成立后，该画张曾参加过中国美术家协会西安分会主办的民间美术展览，出过画册。陕西省群众艺术馆征集并藏有世兴画局大部分画张。1951年，西德美术工作者曾对"世兴局"作品选购50多幅进行拍照，并在西德文化中心进行过展出。北京、上海的美术家和欧洲一些国家的朋友，都亲临访问、座谈和拍照。

抗日战争、解放战争到中华人民共和国成立这一阶段间，由于历年战争频繁，生活水平下降，加之缺乏各种原料，年画的制作水准下降了。

新中国成立后，开始了对旧年画的改造运动，对原传统门画、六神画等进行了画面和内容上的彻底改革，比如将原传统商代、唐代、神话历史人物改为持枪的中国人民志愿军（对手）啦，持枪的解放军，持刀持矛的民兵，骑马的志愿军、解放军、民兵等。将原传统六神的土地神改为医生，龙王改为兴修水利的劳动人民，将灶神、仓神改为劳动模范、战斗英雄，牛马王改为防疫的兽医等。将一般传统画张改为兄妹开荒、工农联盟、秧歌舞、解放人民庆翻身分土地等内容。这些改革了的新年画，代替了传统的旧年画，新年画的产销量也在300万张以上。在生产新年画的过程中，一些生产单位，为了利用旧版、节约原料，竟把一部分传统年画古版毁掉。世兴画局也走完了辉煌时期，沉寂多年后，在上个世纪70年代末又得到了恢复，80年代中期以后逐步得以复兴。

本章小结

　　随着国家对非物质文化遗产保护工作的全面开展,对传承人的保护工作也日益受到重视,2006年,邰立平被评为国家级非物质文化遗产代表性项目传承人。在我的研究工作中,一个很深的感受就是我们具体"挖井"式的工作还做得太少,对民间艺术的"个案"研究还太缺乏。过去的史料我们很少保留,或被人为地破坏,劫后余生的资料实属珍贵。所以,更觉得对传承人的保护还应该有一个重要的内容,即是整理出他们的传承谱系和传承脉络,进而对传统的手工艺文化做进一步细致而深入的整理和挖掘。这次我们口述史工作的开展,更让我感受到了对一个传承项目追根溯源的重要价值。而从学术上重视,从史实上开拓,更具有保护和抢救的意义。

注 释

[1] 此处讲述人特意提到了年画改革的年份，凤翔的年画改革始于1952年，政府角度开展的全国性年画改革实际上应在1954年。

[2] 门芯子：即是在特殊时期代替门神的一种装饰画，像门心一样，贴在门板中心，故称门芯子。

[3] 金三裁：三裁，是指将整张纸裁成三份，每份规格在45公分×70公分左右。金三裁，是指彩色套印年画后再描金撒银的一种特有工艺处理，其年画变得富丽堂皇。"金三裁"是邰家世兴画局的王牌产品，可惜今已不存。

[4]《我所经历的凤翔木版年画》文章写于1983年，这是邰立平父亲邰怡写下的介绍凤翔年画最为真实、最详细的一篇文章。以第一人称写来，犹有口述史的味道。

第三章

爷爷是个"全把式"

龍宮借寶

本章综述

　　邰立平的爷爷邰世勤是世兴画局发展历程中举足轻重的人物,这不仅因为他是一个多面手、一个通才、一个能人,还因为在他的时代,传统文化的生存环境一直没有遭到破坏,直到他的晚年。所以他的画艺、他的手上功夫都是传统的家传手艺,他的审美眼光也是传统的,是旧式的,是经典的,用现在的话说,就是不能随意更改的那种。所以在他的从艺生涯中,不仅把邰家年画、皮影的数量做到最大,还把它们的工艺提升到了最高水平。他的一生是沉浸在艺术中劳作的一生,是把手艺当成营生、辛勤工作的一生,是出于功利的目的,却达到了一种超越功利的境界,这一点他也许没有察觉,他的生活完全与艺术合二为一了。

年画世家 第三章 爷爷是个"全把式"

邰世勤简历：

邰世勤（1893—1970），从小随父亲邰润学习家传木版年画技艺，先后创作、刻制木版年画版170余种（套），最具代表性的有男十忙、女十忙、白蛇传、四时报喜、吉庆有余、小人图、白狼过秦川、兄妹开荒、前方胜利、战斗英雄等。他在继承前辈先祖年画的基础上，把世兴画局年画恢复到常印年画版约690余种（套），最忙时雇有民间画匠2～3人，共同创作年画样子。每年秋后，雇印刷工达十几至二十余人，所印年画曾销往陕、甘、宁、青和川北广大地区，从艺术水平和印刷数量上均创历史最高水平。除了精于年画设计和刻制外，他还兼长于庙宇壁画绘画，同第五村老苏师一同在岐（山）宝（鸡）凤（翔）三县及周边地区近百座寺院绘制庙宇壁画，他更擅长的是皮影影人和幕景的设计、雕刻。亲自设计雕刻的陕西西路皮影自成一派，仅影人就有700余件，连同背景摆件、头茬共有1300余件，同时可开

> 图1 邰世勤与夫人及孙子合影 摄于1960年

唱3台皮影戏都有富余。他另外兼长的是当地社火脸谱的绘制，"装社火脸"被三县誉为一绝，且爱好砖雕、石雕，被关中西府一带称为民间画匠中的"全把式"。1953、1954年他为陕西省群众艺术馆手工填色的72幅古版年画已成为镇馆之宝。邰世勤、其子邰怡、其孙邰立平三代传人被省文化厅、省文联、省民协授予"陕西民间年画世家"。（图1～图3）

▷ 图2 邰世勤 摄于上世纪60年代中期

▷ 图3 年画世家证书 1996年宝鸡市民间文艺家协会颁发

我爷爷叫邰世勤，是陕西关中西府□名老艺人，是我们西凤世兴画局的掌门人。我爷爷兄弟5个人当中只有三爷和他做年画，三爷刻版刻得比较好，给我爷爷打下手，可惜他很年轻就去世了。我二爷专门负责家里的农活，活儿忙时邰家大概有二三百亩地，也属于大户人家，二爷就专门管种地的事情。那时家里要雇很多短工和一些长工。我四爷是教书的，五爷是做生意的。我爷爷上过学，属于有文化的人，写字画画都很好。我爷爷除了跟着家里人学年画制作以外，曾经还向宝鸡县第五村的老苏师学习过画画。老苏师是方圆画庙宇壁画、社火脸谱的能手，已经去世20多年了。后来在彪角我们还拜访过另外一位画庙宇壁画的杨姓老人，据他说，当时我们这一块画得最好的就是我爷爷邰世勤和第五村的老苏师。我几年前曾经去调查过，在距离我们村子十几里的彪角镇和郭店镇都有一些当时画庙宇壁画的能手，其中就有我爷爷当时雇的苏师和豆师两位画匠，他们都已经去世了。现在有一些年轻人也在画庙廊画、庙宇壁画，有的据说也是拜过豆师为师的，虽然也还不错，但风格基本上已经趋向于现代了，水平也已经不能和以前的人相比了。（图4～图8）

年画世家 第三章 爷爷是个"全把式"

≫ 图4 耕读渔樵之樵、渔 窗花 单图 12公分×12公分

≫ 图5 耕读渔樵之读、耕 窗花 单图 12公分×12公分

TAI LIPING IN THE TRADITION OF HIS ANCESTORS
An Oral History of the Chinese Woodblock New Year Printing

▷ 图6 龙宫借宝 此图为邰立平根据邰世勤留稿翻刻 35公分×45公分

▷ 图7 三年新历 仿上海画 邰世勤作 35公分×45公分

年画世家　第三章　爷爷是个"全把式"

▶ 图8 灶王爷画改劳动模范 30公分×20公分

爷爷那一辈他在兄弟中排行老大，是1893年生的，1970年去世。他从小酷爱绘画。后来师从西府著名画匠老苏师（其名不详），一直从事庙宇壁画绘画，与当时西府画匠杨师、小苏师、豆师为西府及周围地区绘制了诸多庙宇壁画。给陕西、甘肃一些地方留下了精美的壁画作品。（图9）

他创作庙画的同时还搞年画，他有那个天赋，也刻皮影、做砖雕和画社火脸谱。当时在我们周围，从春节以后到三月份，到处都在赶庙会，一年中的节日都集中到一块儿了。农闲时候，西府一带农村常常要耍社火，每到这时，好几个村子都争相邀请我爷爷去给他们装社火脸子，他们往往以先请到我爷爷为荣。赶庙会这一阶段，他经常出去给人画画。过去每个村子都要"转一转"社火[2]，同样一个内容，一个典故的社火，如果你们村"转"过了，我们村就"转"另一个，每个村都要把其他村压住，要赛过另一村。有些人就跑过去偷着看别的村的社火，看完以后就马上回去准备，希望自己村的社火能赢过别村的。我爷爷社火脸画得特别快，在人脸上直接画。我记得，大多数画社火脸的师傅都是用胳膊肘抵着人的胸口画脸谱,我爷爷最令人佩服的一点就是他可以悬笔画,而且画得很快,用笔神速,当地民众称他是装脸子的快手。南小里的能人很多,画出的社火角色很齐整,《三国》中的刘、关、张、曹操等人装得特别神似,到现在人们还津津乐道,一看就能分得出谁是关羽谁是曹操。我爷爷曾经绘制社火脸谱粉本890多种,共装订有三册,可不幸的是这些都毁于1950年了。

▶ 图9 庙画手稿 陕西群艺馆藏 45公分×70公分
庙画手稿基本为白描形式的民间画工画,技法纯熟,传统线描功底深厚,只有民间绘画高手才能担当此任。

当时我们家也算是个大家族。岐山、宝鸡、凤翔三个县最有名气的三个民间唱秦腔的皮影老艺人列贤、好善和益满,这三个名角长年住在我家里。"列贤、好善加益满,离了王班长不能转",这是当时的顺口溜。列贤、好善、益满这三个人就是当时的三大明星,王班长指的就是带领他们的人,也就是一个皮影班子的班主,他能救场,别人唱的接不上了他就能给接上,相当于一个替补,但绝对是一个很重要的人物。他肚子里有一百多本戏,而且自己还即兴发挥,经常加一些自己现编的诙谐话进去,让场面很热闹。王班长年龄大一些先去世了,剩下的三个人都在我们家。演出多的时候,这三个人分开可以分别组成三台戏,一个人可以临时搭一个班子唱一台。那时候我们是半养着他们,就是农忙的时候各自回家,不忙了就过来,我们管他们吃住,但也不给工资,闲了就过来排练,有人请班子的话就出去演。一般来我家的时候都是演出的黄金时间,农忙刚完,人们都有一段闲暇时间。七月份以后,就开始唱皮影戏了。农历的七月初一,我们这个村子就有个庙会,这个庙会开始以后(夏季的农活好多都已经安排完了),就开始这个村子唱戏,那个村子唱戏,唱的都是皮影戏。所以那段时间的演出比较多。过去皮影班子用的鼓、锣、板胡、二胡、三弦这些家什我们家都有,我爷爷自己买的,他从小喜爱皮影和皮影戏,还自己设计、雕刻皮影。到1915年前后,由他创作设计、雕刻的皮影就有600多件。当时由于唱戏的需要,每年都要增加一批新皮影,他创作设计的皮影身子比较大、造型美、刻工细、颜色亮、有神气,被西府人称为皮影戏的"戏样子"。我爷爷刻的皮影最多的时候加起来有1300件,基本都是他自己画、自己刻的。

1961年,我上小学四年级,学校上手工课,让我们用硬纸片刻皮影,当时我去请教爷爷,他教我先画皮影,再教我刻皮影的方法,并拿出他以前刻的那些皮影给我看,这些皮影平时是锁在我家小木楼上的

第三章 爷爷是个"全把式"

箱子里的,很难看到。爷爷给我讲刻好皮影后应该怎样去染色,怎样出汗[3]、定型,后来我把皮影拿到学校,老师看不错,就问我是谁刻的,我就说这是我爷爷教我刻的。从那以后,我也常用硬纸片代替皮子刻一些皮影。

爷爷还兼砖雕、石雕的设计和雕刻制作,特别是当地的门楼、土地堂的砖雕及门墩石的设计雕刻已达到了很高的水平。

我们南小里村比较大,分为东村和西村,在西村的村中央,原来有个老庙叫南寺庙。当时那些庙里面的庙宇画都画得相当好,有些人物采用的是沥粉贴金的方法,画得特别细。这些庙里壁画创作的时候我爷爷都参与了,因为庙里的壁画隔几年又要新画一次,所以有的我爷爷还参与了两次。如果有我爷爷参与的话肯定也会有老苏师,他们两人经常是联手干活儿,画得相当漂亮。因为有名气所以很多地方请他们,据说我爷爷当时在岐宝凤三县和老苏师一起,画过近百座庙宇的壁画。

爷爷一生最擅长的是木版年画的创作设计和刻版。由他创作设计、刻制的年画样子有300多种,当时他曾聘请苏师、杨师来我们家协助搞年画创作,从1915年到1940年前后的20多年中,他曾邀请苏师、杨师二位画师来过我家几十次,有几次两位画师来家后曾住过一两个月,共同商量,创作设计,有时为年画

> 图10 新绘四时报喜 邰世勤作 35公分×45公分

的总体布局和人物安排几个人还争得面红耳赤，这也是爷爷常讲起的趣事之一。当时因杨师画的人物都显得肚子太挺，爷爷说服不了杨师，苏师也说服不了杨师，杨师坚持只有挺胸起肚才能显出人物神气，最后争论不下，还是同意了杨师的意见，这样的争执在他们三人中是常有的事。我爷爷的作品现在能看到的有《四时报喜》《吉庆有余》，还有像《胖娃弹三弦》那样的胖娃娃作品也都是我爷爷创作的，现在都没有了原稿，只有老版印的一些年画[4]。（图10～图12）我爷爷当时光是画样子、粉本就有一两千页，但到现在一张也没有留下。但他自己设计的《男十忙》《女十忙》《倩女寻梅》《佳人爱菊》《白狼过秦川》《小人图》、一大批木版年画，至今兴盛不衰。因为迷恋绘画，爷爷有时还被曾祖父训斥，用他本人话说："为了年画样子，没少挨大人的骂。"有时候他晚上不睡觉画样子，经常一画就到了天亮。爷爷为年画付出了多年艰辛，被西府民众称为"全把式"和"名老艺人"。世兴画局年画中的"金三裁"年画，就是由他所创出的品牌年画，这种

▶ 图11 胖娃弹三弦 45公分×35公分
童子弹三弦降五毒，取四大天王之一宝物可降五毒。五毒远离，则平安幸福。

年画世家 　第三章 爷爷是个"全把式"

》图12 满堂富贵 35公分×45公分

年画除了刻印讲究和手工染脸、染手外，还刷天景、地景[5]，更要套金、套银。当时一上市就被抢购一空。（图13～图17）

祖父的艺术生涯中，他最大的贡献是把由曾祖父留传下来的年画品种由690余种增加到了近千个品种，把世兴画局年画品味提高到了历史最高水平，使西凤世兴画局成为西北地区著名的老字号，把邰氏木版年画推到了一个顶峰时代。

我爷爷在世的时候，由于当时世兴画局的规模比较大，所以家里雇工多。一般情况下也是十几个人左右，每年到特别忙的时候，大概有20多人。这些人基本上都是临时工性质的帮手，每年基本上是农历十月开始做。那时候基本上都是计件工资，每天制作的年画中的次品数量不能超过多少是有规定的。爷爷雇的

图13 女十忙之一 45公分×35公分

年画世家　第三章 爷爷是个"全把式"

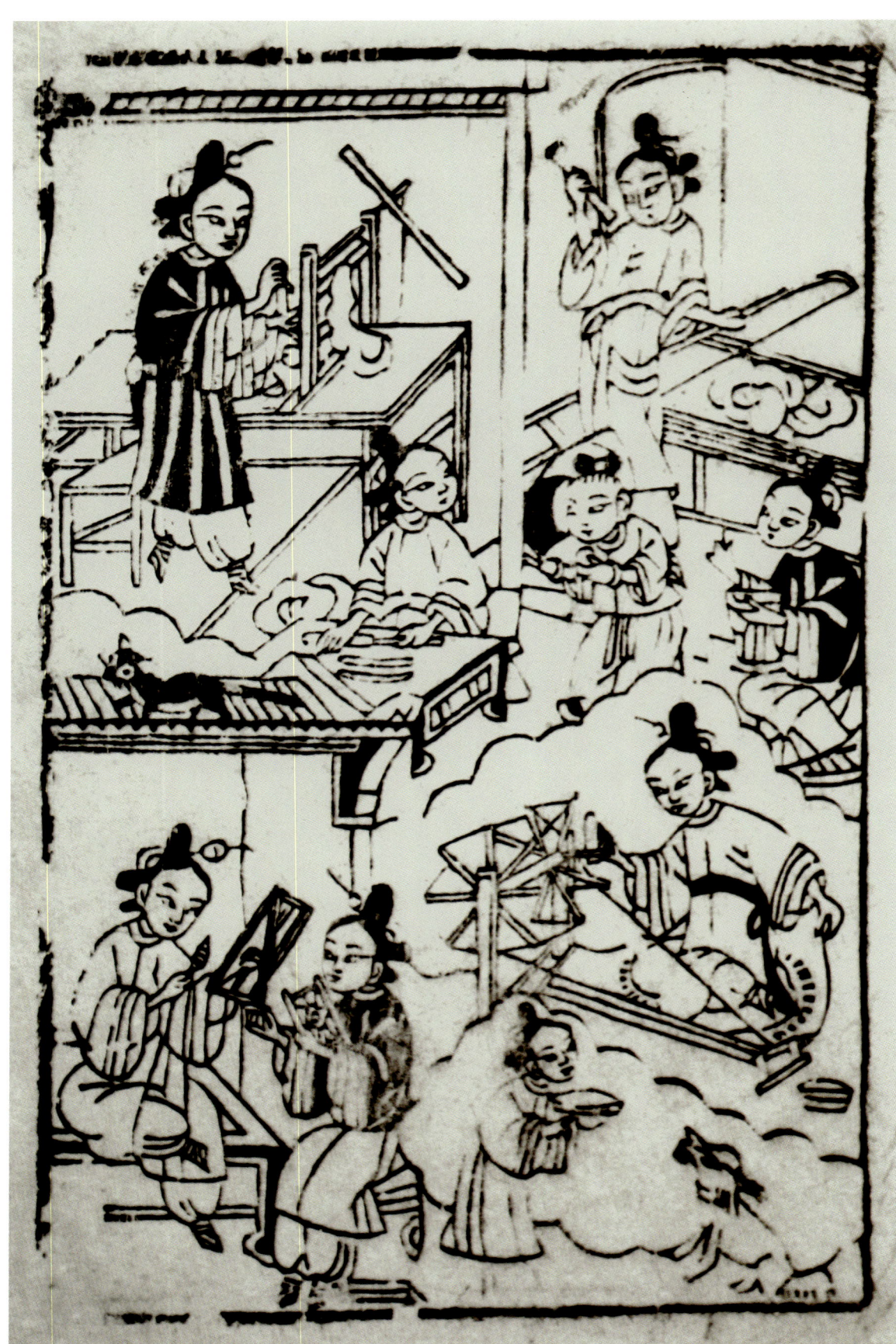

图14 女十忙之二 45公分×35公分

图15 倩女寻梅 墨线 45公分×35公分

年画世家
第三章 爷爷是个"全把式"

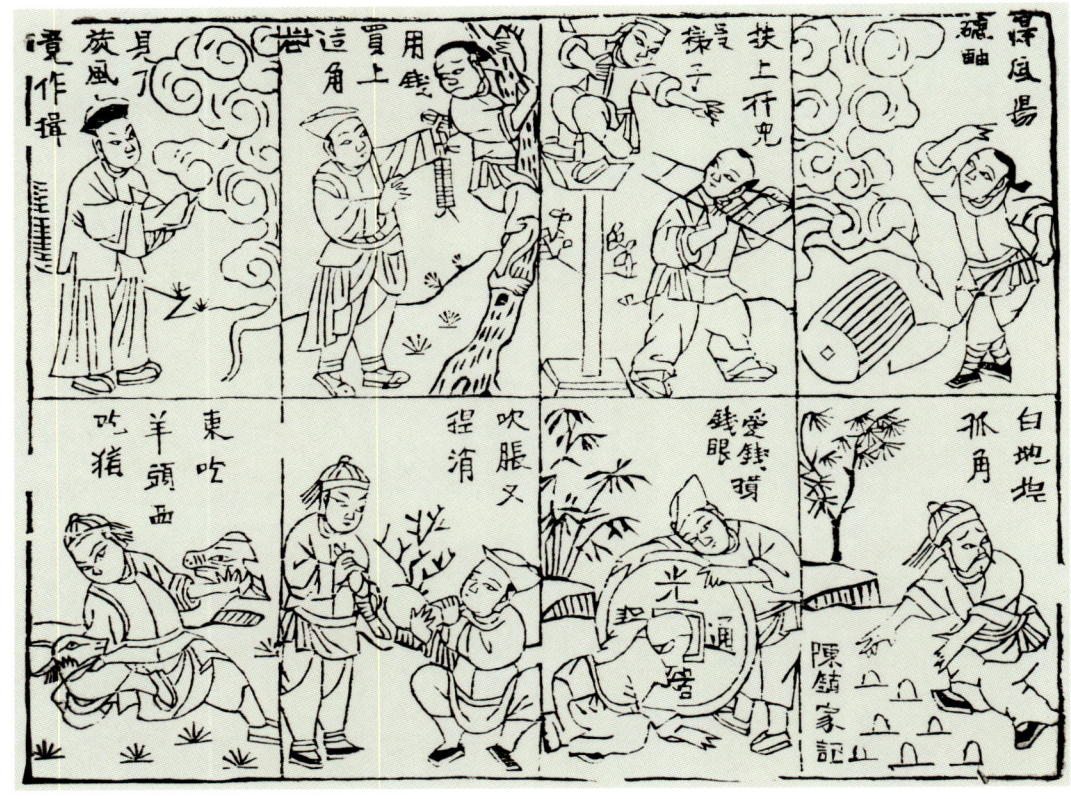

图16 小人图之一 邰世勤作 35公分×45公分

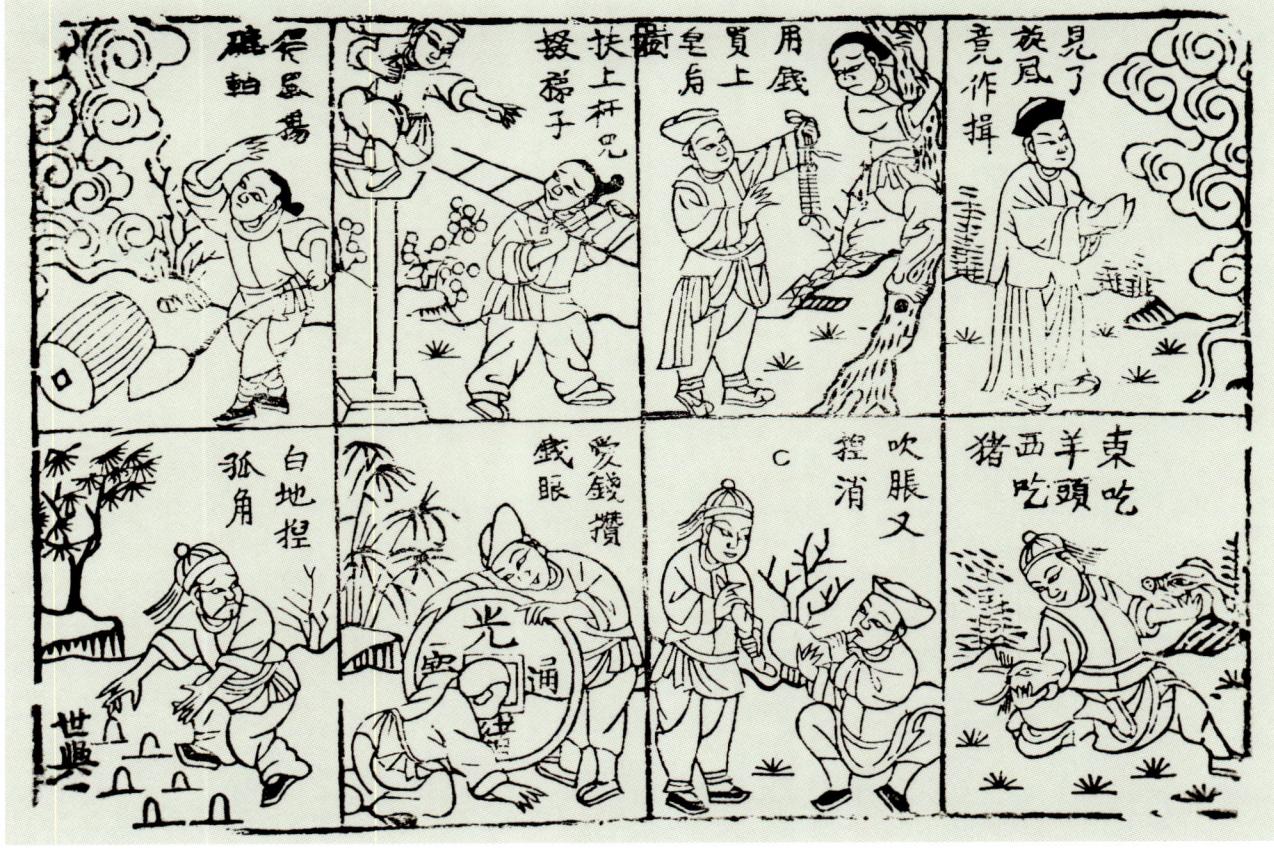

图17 小人图之二 邰世勤作 35公分×45公分

人大多是自己村子的，到了吃饭的时候各自回家吃饭，吃完饭接着来做就行，做得多的人工资就多一些。有些做得不好的人，第二年就不会再考虑雇他，这也是很正常的事。我爷爷那会儿也经常请一些画匠，这些人都是和我爷爷一起画庙宇壁画的人，关系比较熟，我爷爷会给他们买烟抽，他们每年都到家来帮我爷爷家刻版子，一般每年能创作出十几个新品种。他们合作，先一起画出画样，画完以后放在一块，然后再比较、修改，定稿后再去刻。我们家主要还是我爷爷刻版，也雇人刻版。（图18~图23）

从风格上来说，我爷爷做的年画线条比较粗一些，像《四时报喜》、《吉庆有余》这些。另外他设计的人物的线条很疏朗，不是那么密集。像《小人图》上面的人物就很概括，苏师他们画的就比较工细一些。

▶ 图18 陈杏元和亲 邰世勤作 35公分×45公分

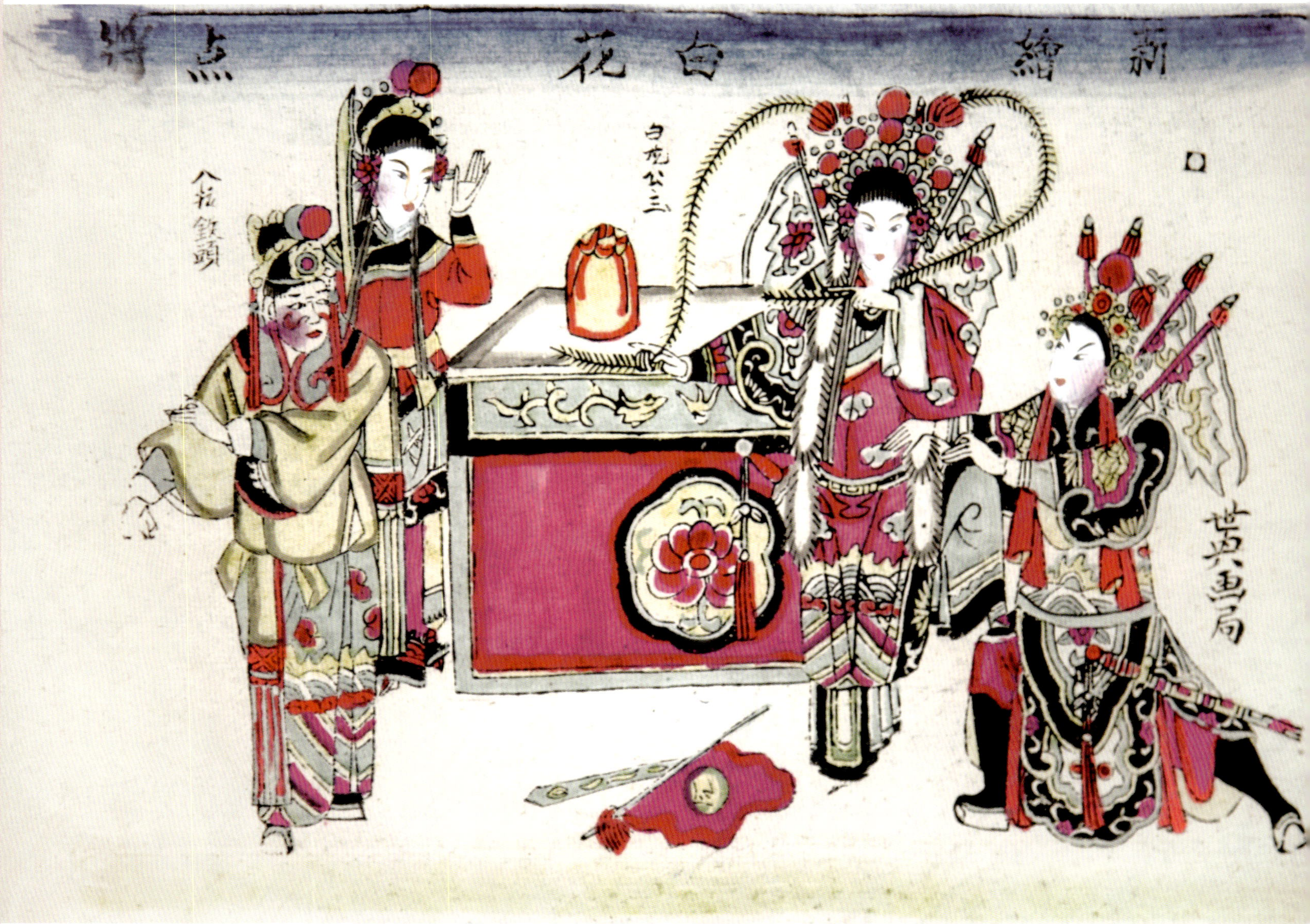

> 图19 新绘百花点将 35公分×45公分

> 图 20 庆顶珠 手绘 35公分 × 45公分

年画世家　第三章 爷爷是个"全把式"

» 图21 金山寺 《白蛇传》故事 彩色 35公分×45公分

> 图22 奉旨拜塔 《白蛇传》故事 35公分×45公分

年画世家　第三章 爷爷是个"全把式"

▶ 图23 仓神画改英雄模范 30公分×20公分

每年到腊八之前，我们凤翔县城东关，也就是东湖口那一块，就是一个大的年画批发市场。凤翔县城当时所有做买卖的人，都在东关这一块。县城里边也比较繁华，但县城外面的东关，就是卖年货的市场，香啦、纸钱、年画、对联这些，文化品市场好多东西当时都集中在东关这一块。过去有些人就租两间或一间房子做铺面，大部分人都是摆地摊。所以东湖这一块的市场当时是比较繁荣的。每年腊八到腊月三十是旺季。每年在那个腊月头上，从腊月初一开始，我们家就开始去那边租人家的门面房卖年画。搞批发生意的都起得早一点，赶这个早集。我家人一般从凌晨三点钟就开始张罗着要去县城，到了县城后大概四五点钟，先把画都摆起来，然后就有买卖来了，我们就等在那批发，那时候批发的量也很大。当时批发年画，主要还是面对着西北地区很多地方。凤翔年画过去主要是销往陕西关中的西部，包括扶风、宝鸡这一带，还有甘肃天水，宁夏的一部分地方，像固原那一带，还有青海。这些地区的年画都是从凤翔出去的。过去，我爷爷曾说过，四川广元的画商，也套着车到我们这来批发年画。来的时候拉的都是手工纸来卖，回去的时候拉的就是我们的年画，因为要过年嘛，就拉一车年画回去卖，不空车，当时就是这么长途贩运的。所以在川北那一带，就是现在绵阳以北的广元那一带，都卖的是凤翔年画。因为我家年画销售得比较好，我爷爷后来就把这个世兴画局做得更大了，水平也非常高。

TAI LIPING IN THE TRADITION OF HIS ANCESTORS
An Oral History of the Chinese Woodblock New Year Printing

　　我1964年小学毕业的时候，传统年画基本上都看不见了，所以在我的记忆中那一时期的年画是很模糊的。每年都是我父亲做一些新年画，传统年画是一点都不做了。那时我们已经从大家庭分为了几个家庭，我爷爷他们那一代分家的时候每人分得一座院子，这是曾祖父提前就给规划好的，地也是平均分的。年画版分配是这样：谁做年画谁就可以多拿一些，因为当时主要是我爷爷做年画，所以他就分得多一些，画版也大多在我们家。这种分法别的兄弟也是没有异义的。后来我父亲给我讲，没分家之前，常用的大概一共有600多块版，再加上一些不常用的版一共是1000多块吧。后来那些不常用的版都被当做"炕眼门"来用了，就是农村土炕封火道用通道口，很多套色版都用来做这个了。原来我们亲戚家也放了一些我们家的画版，但那些都不常用。他们也把这些版都刨平了，"文革"后我还拿回来几块，但已经看不清楚样子了。

本章小结

  邰世勤可以说是一个旧式民间艺人的典型代表，他的身上，有很多"全把式"人物特有的品格：聪明智慧，多才多艺，有人格魅力，有组织能力，能够聚拢一方人气。世兴画局在他掌门的时候能够形成鼎盛局面，这与他的才艺和人品是密不可分的。当我在陕西群艺馆看到他在1953年为老版年画手工填色的70余幅作品时，便从心里生出一种敬佩之情。其色彩之美、造型之美，稚拙中见雅致、粗放中见娴静的画面，无不表现出秦人遗风的亦俗亦雅、耕读传家的审美品格，堪称陕西传统年画的顶峰之作，这些作品也成了陕西群艺馆的镇馆之宝。何谓传统，何谓经典，看看那些动不得的画面就会知道答案。

注释

[1] 关中西府：在古代，关中西府是指西安以西的咸阳、礼泉即现武功镇、扶风、岐山、凤翔、千阳、陇县至甘肃一带。这些地方都位于渭河台塬以上，历来是关中西府的精华和主脉。西府的行政中心就在凤翔，即所谓的凤翔府，是历史文化积淀深厚的地域。

[2] "转"社火：这里，"转"成为一个名词，是社火的计量单位，像戏曲一样，是一出戏一出戏地演出的。它同时也是一个动词，有演出的意思。

[3] 出汗：即是把两个胡基（土坯）放到太阳底下晒热后，把刻好的皮影夹在中间排水、定型。

[4] 老版印的年画：这里指的是邰世勤的祖辈人留下来的版子，即邰润、邰正荣以前的世兴画局的作品。

[5] 天景、地景：指的是年画中作为衬景的底色，多是手工所绘。

第四章

父亲为年画的坎坷人生

TAI LIPING IN THE TRADITION OF HIS ANCESTORS
An Oral History of the Chinese Woodblock New Year Printing

本章综述

  邰立平的父亲邰怡是一个对凤翔年画的继承和复兴作出了巨大贡献的人，他一生历经坎坷，但他是一个顽强的人，在艰难的环境中对年画创新求生，冒着危险整理和收集年画资料、复刻老版、写文章、办画社、办展览，都表明了他这个人坚韧的个性，同时，由于他生性善良，内心无私，往往又与利益失之交臂。他是一个笔杆子，他的字娟秀、认真，正如他正直的一生。在对凤翔年画的恢复中，他付出了生命的代价。他活得清贫，死得不舍。在凤翔年画的抢救和恢复中，邰怡是工作在第一线的第一人。他写下了大量的介绍文字，句句真实，饱含深情，除了专家王树村先生外，他是第一个把凤翔年画以文字形式介绍给外界的本土艺人，他以我手写我口、写我心，写得真切，写得自然。这种对自己从事的职业能够反观和内省的人，在凤翔年画的产地、在凤翔年画发展史上还是首次。虽然他的传统的绘画功力不如其父，但他的最大的功德，是把中断了几十年的传统凤翔年画承续下来，复兴起来。可以说，没有邰怡就不会有今天的凤翔年画。他在那个时代发挥的作用是任何人和其他任何事情都不能替代的。

邰怡简介：

邰怡，男，生于1921年，卒于1984年，从小随父亲邰世勤学习家传木版年画技艺。19岁入中学任美术教师，后在凤翔（东北）竞存中学任教，从事地下工作期间兼习木版年画创作、绘画和书法。1949年转入凤翔县政府工作，1957年被打成"右派"，1958年4月被下放回家，此后专门从事年画探索、创新，在恢复工作前的20年逆境中，先后创作新年画达近百种，其中代表作有《跃进春》、《牡丹春》、《爱社如家》、《双丰收》、《倒吊莲花》、《花瓶牡丹》、《迎来春风》、《捷报频传》、《喜燕迎春》、《万古长春》等。他独创了30余种代替门神的"门芯子"，流行一时。创作的窗花有《双石榴》、《双桃》、《刺玫瑰》、《菊花》、《祝毛主席万寿无疆》、《自力更生》、《奋发图强》、《好学生》等40多种。1977年底，在王宁宇等专家支持下，在村里创办了"陕西凤翔南小里工艺美术研究会"，其间几个月中，创作的过渡性的年画有《李自成》、《嫦娥奔月》、《包文正》、《单刀赴会》等20多种，恢复传统年画50余种。邰怡在20余年的逆境中一直坚持民间年画的创作与革新，作品备受民众喜爱，为凤翔木版年画的持续和后来的恢复起了至关重要的作用。

1978年恢复工作后，在县工艺美术公司工作，曾参加南京、武汉、贵阳、北京等地多次全国工艺美术会议。1980年离休后他又创建了"陕西凤翔凤怡年画社"，恢复古版30余套。1983年，应中央工艺美院邀请，赴京举办凤翔木版年画展览，并出席年画论坛，主讲凤翔木版年画，后又举办年画讲座，现场录像。照片资料被中央工艺美院存入教学资料库。部分作品被中央工艺美院收藏。1984年4月应邀在中央美院举办凤翔年画展，展览大获好评。李琦教授赠书笔题邰怡先生作品展出"凤凰翔京大获好评"；中国书协副主席陈叔亮赠书笔题邰怡先生作品"刀笔传神"等。总结凤翔年画的文章《凤翔木版年画见闻记》刊登在中央美院《美术研究》1985年2期上；《我所经历的凤翔木版年画》一文被《陕西民间美术研究》第一卷刊出。邰怡被陕西省文化厅、省文联、省民协共同授予"陕西民间美术大师"称号。

邰怡于1984年9月去世，时任宝鸡市市长的李均在挽联上写道"沉痛念悼为凤翔木版年画做出卓绝贡献的邰怡同志"，对他在年画方面的成就给予高度评价。邰怡在当年极其恶劣严酷的环境下，不畏艰难，为凤翔木版年画的延续和发展作出了巨大贡献，献出了毕生的精力。

第一节　父亲的命运太坎坷了

我父亲生于1921年。他从10多岁随祖父邰世勤学习绘画、书法。1948年以前，担任中小学美术教师，从事民间木版年画的创作、设计及雕版和印制工作。年轻时参加了地下党，1948年参加工作后，在县农牧局工作，是政府工作人员。他是个笔杆子，又心直口快，1957年被打成了"右派"，当时是按人民内部矛盾处理。1958年在干部下放时他主动请求回老家，从此开始职业的木版年画创作设计和雕刻制作。一直到1978年10月份以后，才给他纠偏平反，恢复了工作。他下放的这20年里，一直在生产队劳动，哪些活最苦、最重，都是他来做。我们当时兄妹5人都上学，全家7口人就他一个劳力，每年底结算都欠队里几百块钱，所以生活相当苦。他一生基本上都是在逆境当中过的。由于他"平反"时间比较晚，补发的工资也没有拿到多少，而他又是从以前的国家行政单位转到凤翔县工艺美术公司这个企业，当时的工艺美术公司效益很差，是连工人的基本工资都发不上的，所以我母亲的抚恤金到现在一个月只有50块钱，还经常领不到手。（图1）

▷ 图1　邰怡和儿子一家在印画　摄于上世纪80年代中期

年画世家   第四章 父亲为年画的坎坷人生

我父亲的一生是非常坎坷的。那时候他白天干活，晚上带着我出去给人家画棺材、箱柜，天亮之前再偷偷跑回来，害怕被别人看见，稍微休息一下又得去上工劳动。即使在这种情况下，父亲仍然不舍得他的年画，搞不了传统年画，他就想辙做些别的。他先是做了窗花，那种手工印墨线再手工填色的，后来叫"门芯子"的那种。这20多年里，他的主要工作就是两件：做年画和为自己讨公平。他这些年里设计了二三十个品种的窗花，后来他把窗花又发展成门画，替代了传统的门神。他1958年设计了《跃进春》、《牡丹春》、《迎来春风》等，1960年设计了《花瓶牡丹》、《花瓶菊花》，1962年创作了《倒吊牡丹》、《倒吊莲花》，这些画都很美观大方，色彩艳丽，备受老百姓喜爱。后来的"社教"、"破四旧"和"文革"运动中，由于传统木版年画多次被查抄，被禁绝，他又根据时事的限制和特殊时期的情况，创作了几十种"门芯子"和窗花，像《自力更生》、《奋发图强》、《祝毛主席万寿无疆》、《抓革命、促生产》等等。这些新创年画全都用花卉配上文字组合，在当时既受民众欢迎，又不会被工商部门禁止，因此也就生存发展下来。1974到1975年之间，父亲又创作了《万古长青》、《喜迎新春》和《迎来春风》、《喜迎丰收》这些作品。1977年他又创作了《高桂英》、《花木兰》。（图2、3）

1977年底的时候我父亲开始着手年画研究会的准备工作，1978年三四月份的时候成立了南小里工艺美术研究会。我父亲的年画复兴

≫ 图2 跃进春 30公分×20公分

≫ 图3 迎来春风 30公分×20公分

工作就是从那个时候开始的。他晚年赶上了几年好时候，但是仅仅6年时间，他就生病去世了。他是1984年9月底去世的，可以说，他也是死在年画这件事情上的。他对凤翔年画的贡献是非常大的，尤其是在传统年画断档的时候，是他用巧妙的构思，创作出了"门芯子"这样一种能在夹缝中生存的年画，把这个技艺接续了下去。有那么多的人那么多家庭跟着他做了"门芯子"，所以说他的贡献是无法用创作了多少作品来衡量的。凤翔年画的历史是我父亲写的，得到了专家们认可。

第二节　在夹缝里发展的"门芯子"

我父亲1958年返乡后做的一些贴在门上代替门神的"门芯子"画，一是为回避"牛鬼蛇神"、"四旧"这些封建迷信嫌疑，再就是想搞一点副业，让家里的生活好一些。那些画的内容我到现在还记得，但就是这样的画，还是有阻碍。当时他创作的《爱社如家》，是一对胖娃娃造型的年画，画上的胖娃娃手拿锦旗，锦旗上写着"爱社如家"字样，这一对年画可以说是我父亲创作的最为成功的年画之一，但后来也不能存活下去，找茬的人说只能"爱社"，但不能"如家"。所以后来我们也不得不把自己感觉比较得意的年画自己毁掉。但《跃进春》、《牡丹春》这些版子到现在我们还保存了几块。那时我们家每年都要新创作一些"门芯子"年画，还有一些窗花。1958年以后那些传统的墙画基本上都见不到了，能见到的都是代替门神的"门芯子"或者窗花。这几样在当时的凤翔、宝鸡和甘肃的一带销售得相当好。有的时候去卖画，刚把摊子摆开，人们就会哄抢一空。也有甘肃天水那里做生意的人来买画。那时，在凤翔周边的村子，比如六道营和其他几个村子，也有几个画画的能手，他们看到这类年画的市场比较好，也开始尝试做一些年画。他们照我们的样子，也刻窗花版一类的，刻得也蛮像的。其实这些东西都是从我们这儿出来的，都是我父亲原创的，其他村的人买个样子，拿回去翻刻就行了，颜色他们也会填，虽然跟我们的不一样，但是也能卖。当时市场很大，因为没有别的可买，好卖的"门芯子"就我们一家根本做不过来。1962年到1964年全县就有将近20家做年画的了，每户卖得都相当快。

从1958年到1962年，每年凤翔基本上就我们一家在做年画。那时我们都是在晚上做，我记得全家人围坐在一起，烧一个热炕，把桌子搬到热炕上，在那上面做。我们常常是趴在炕上，颜色瓶都放在炕边，在印好的墨线稿上手工填色。一家人都上阵。我是老大，我二弟，还有大妹子，我们三个人都能拿笔画，所以就我们三个大孩子一直帮家里填颜色。我姊妹五个，最小的那两个年龄都还小，帮着打打下手。"门芯子"没有套色版，就是在印好的墨线画上，一个人填一种颜色用笔填色，跟流水线似的。那时不用画版是因为穷得连吃饭都吃不上，哪里买得起梨木板啊。我们当时用的包装纸，一刀纸[1]才5块钱，可是连那种纸都买不到。当时买纸要跑好几个商店，我父亲在县城里还认识个熟人，去找他们，他们才悄悄地切一刀两刀给我父亲拉回来印画用。那时候啥都缺，唯独广告色不缺，我们那时候填颜色都是用那时候的广告色。广告色的遮盖能力强一些，因为我们用的纸本身有颜色，不是灰的就是那种很不好看的红色、水红色纸。颜色填上去要把原来的纸本身的灰色遮住才行，广告色就能有这个遮盖力，比如画在红纸上的绿颜色要体现出来，还是要用广告色才行。它不像我们现在的颜色都是透明的，没有那么强的遮盖力。另外广告色也便宜些。所以那时候民间用的颜料也都是广告色为主。（图4）

我们连夜做好的画第二天再拿到集市上去卖。那阵子天天要熬夜。有时候半夜12点钟左右，我母亲还要起来做一顿饭，因为要赶活儿，干得苦，容易饿，一般都是熬到凌晨两三点。整整一个冬季，每天白天去卖画，晚上回来就赶紧做。差不多有五六年都是这样。

当时这些画拿到我们凤翔县城、岐山县城里面，一去就能卖出去。当时我年纪很小，走那段路，回来腿都疼得要命。我记得1958年到1959年，我们拿去的画卖得相当好。一年做下来的东西，从腊月头到腊月二十三四就都卖完了，年底已经没东西可卖了。当时纸张很缺，没有白纸，一般都是灰色和其他颜色的包装纸。1962年，我们还曾经用卫生纸印过窗花，也用过学生用完的大本子，一面写着字，背面就拿来印上窗花了。这样的纸印上图案，填上颜色，也能卖。因为这种纸做的画，纸的成本基本上不摊钱[2]了，便宜啊。拿到街道去买，照样卖得很快。

1964年以后，凤翔县做"门芯子"的人家从我们一家开始发展到了将近30家，不光是我们南、北小里村，还有周边何家堡等村子都有人在做。1966年以后，已经有大概有七八十户人家在做了，这也是"门芯子"画最兴盛的时期。那阵子凤翔县城的东关又形成了一个大市场，各家的生意也都还可以。后来在"文革"中，我父亲又创作了很多新年画，包括一些带有毛主席语录的年画等。这种年画老百姓觉得很新颖，政策上也允许销售。也正因为有了这些创新作品，所以在"文革"当中，年画才没有中断，一直延续下来，并且一直持续到"文革"后期。1975年左右，市场规模还越来越大。当时我们也经常去凤翔县城、眉县的齐镇以及岐山的蔡家坡一些地方卖年画，也卖得相当好。我记得当时在凤翔县城东关的小地摊就有将近100个，但大部分样子是我们家创作的，他们只是翻版而已。他们自己虽然也有创作，但我感觉做得还不是太好。所以"文革"十年当中，虽然我家损失了老版子不能生产传统年画，但是因为有了我父亲创新的"门芯子"这类新年画，凤翔东关的年画市场反倒是做得非常大。

图4 门芯子 竹子 30公分×20公分

第三节　艰难的年画复兴之路

　　1977年，省里边有两位老师来凤翔考察，一位是党晟老师，还有一位是他的同学王宁宇老师。当时的王老师在陕西省工艺美术公司搞设计，他们一起来凤翔考察民间美术时就问到我父亲凤翔年画的事情，听我父亲谈了情况以后，他们就觉得不错，鼓励我父亲要把凤翔年画慢慢恢复起来，继续做下去。因为当时在陕西几个地方做年画的人的确有一些，有凤翔的、汉中的，还有长安县的，但大部分都因为"文革"停下来或者被破坏殆尽了。他们两人回去以后就向省文化厅反映情况，建议把这些民间艺术恢复起来。1977年底，那时候改革开放还没有开始，他们就开始扶植我们做年画，那是要冒风险的，现在回顾起来，他们的意识还是很超前的。当时我的父亲还是"右派"身份，他们建议让我父亲先把一些资料性的东西收集起来，因为好多年了，有些老品种也已经没有了。我父亲就听取了他们的建议，开始整理一些资料性的东西。他们第二次来时，就提议我父亲试着做一些年画了（图5）。

　　后来凤翔年画能恢复起来，我想主要有两点，一个是有王宁宇老师他们的扶植，再一个就是我父亲自己也有比较长远的眼光去做复兴年画的工作。也就是从那以后由我父亲发起，在我们村里面成立了"陕西凤翔南小里工艺美术研究会"。当时这个研究会主要就是做年画，恢复凤翔的年画生产。

　　当时这个工作是比较难的，因为从1950年以后到1978年期间，基本上就没有什么样品了，有的甚至连画稿都没有了。在"文革"当中，画版都被抄家抄走了，因为我们家那时是比较有名气的老字号，所以抄家也就抄得最彻底，总共被抄了17次。记得我当时正读小学五年级，他们来抄家的时候，我就很害怕，什么也不敢说，只能眼睁睁地看着这些木版被抄家的人用大车拉走，后来被抄走的一部分版就被上交到我们县文化馆了。所以在1978年后要恢复年画，就特别困难。我父亲当时手上只留下了40多个样子，每样也只有一两张，还是放在亲戚家才幸免于难的。后来他把那些画偷偷地拿回来开始做复制工作。刚开始我们要完全恢复那些老样子还是很害怕的，怕政策再变化受到限制。所以我们在开始的时候先创作了一些新年画，纯粹都是自己创作的，没有传统的年画。我们用这些新创作的画先试一下看有没有人来限制。在当时的政策下，也只能是先创作一些具有衔接性的东西，像《逼上梁山》等。那些戏才刚开始恢复演唱，所以我们就先试一下《李自成》《高桂英》《花木兰》等年画。后来又创作了《天河配》《单刀赴会》《樊梨花 薛仁贵》《张飞》《穆桂英 杨宗保》《包文正》等。（图6~图11）

　　当时我们研究会刻版的有两位师傅，一位是任建功老艺人，一位是巨锐老艺人。这两位当时是我们研究会制版组的，他们刻版的水平也是比较高的，而我父亲当时主要是画稿子，搞创作。1978年以后，开始搞改革开放了，凤翔年画才有了再次发展起来的机遇。慢慢地在政策的支持下，我和我父亲开始着手做些传

图5 门芯子 菊花 30公分×20公分

≫ 图6 天河配 彩色 45公分×35公分

> 图7 单刀赴会 彩色 45公分×35公分

年画世家 第四章 父亲为年画的坎坷人生

> 图8 樊梨花 薛丁山 邰怡作 30公分×20公分

图9 张飞 邰怡作 30公分×20公分

年画世家　第四章 父亲为年画的坎坷人生

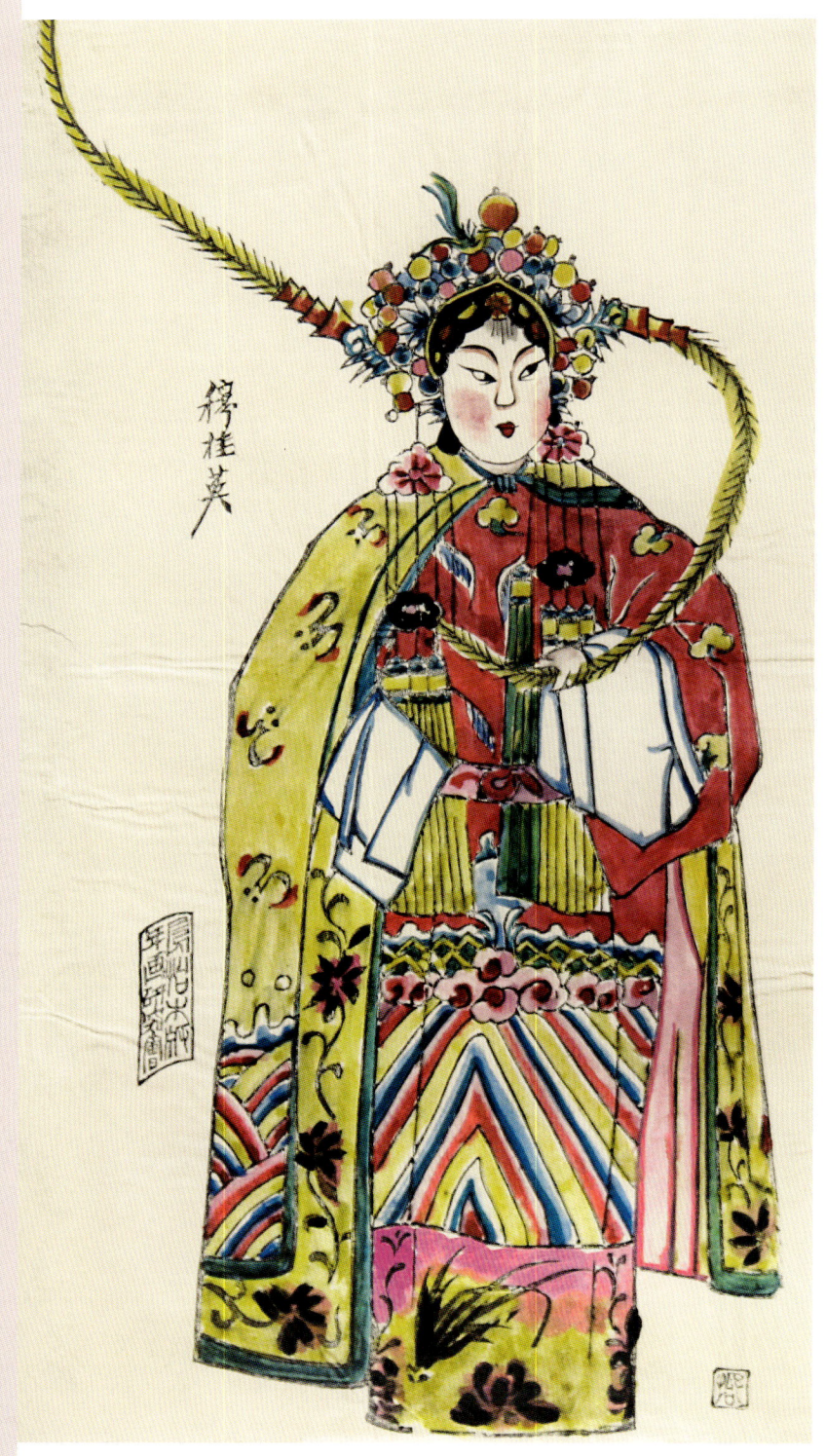

>> 图 10　穆桂英 杨宗保　邰怡作　30 公分 × 20 公分

> 图11 包文正 邰怡作 30公分×20公分

统年画。因为我父亲1978年恢复工作后，在县工艺美术公司工作，主要工作就是搜集"文革"中丢失的、毁损的工艺美术品，所以这也为我们恢复年画提供了一个便利条件。我们研究会恢复的老画样将近30个品种。

我在研究会的3年时间里，连恢复带创新，使年画达到70个品种。在这个过程当中，我们研究会的效益也还不错。我当时是做设计的，制版的有两三个人，印年画的人比较多，当时在我们村就招了有将近30人。研究会和我们以前的那种家庭作坊不同，我们以前是只有在每年秋收（10月份）以后才做年画，而研究会作为一个村办企业，就要求常年都要做。因为自从年画恢复以后，需求量明显增加，加上质量也很好，所以当年做的年画基本上当年就可以全部销售完。第一年我们大概做了600多万张，由于我父亲曾在县里面的工艺美术公司工作过，给我们年画沟通了很多销路，我们每年都参加一些工艺品的订货会，所以销路不但多

≫ 图12 燕子同栖 邰怡作 30公分×20公分

而且广泛，已经跳出了西北地区，在辽宁、武汉、四川乃至华南都有销售。也是从这时候开始，凤翔年画走向了全国。国内的新闻媒体也对凤翔年画很关注。国内的专家、艺术家甚至一些外国人也开始接触到了凤翔木版年画。我记得当时有个法国的艺术考察团专门到我们南小里来考察凤翔年画。我当时接待了很多人，也认识了国内艺术界的一些老师，他们一方面给我们做艺术上的指导，一方面也在外面给我们凤翔年画做宣传，所以当时做得相当好，我们村里通过年画也获得了很好的经济效益。我记得第一年，我们这个研究会作为村办企业就给村里创造了7万元的纯利润，所以当时村里面对研究会是非常重视的，县里对我们的研究会也很重视，这也使我们的年画恢复工作做得很快，品位提高得也快，影响也越来越大。这种状况一直持续到1980年。1980年以后，我们村里面的个体户也都开始做年画了，一旦他们做起来，我们的村办企业就受到了很大的冲击，因为我们的成本费用是很大的，所以研究会就开始走下坡路了，再加上研究会的成员都是一些家族门子里的人，家族内部的矛盾也越来越多，慢慢地大家都把重心放在了钩心斗角上，而不是致力于年画的发展上了，当时我父亲也是没有办法，所以这个研究会也仅仅存在了3年的时间就解散了。（图12～图19）

但是我父亲还是没有放弃做年画的恢复工作，那时候他已经离休了，有更多的时间扑在发展凤翔年画上。1980年，他又发起组织了"凤怡木版年画特艺研究会"。（图20）这个特艺研究会一定程度上说是为了延续我们家的荣兴画局和世兴画局的，所以他取他名字中的一个"怡"字来命名这个研究会，后来又更名为"凤怡年画社"。他去世后，我又采用了以前的世兴画局做字号了，毕竟知道世兴画局的人还是多一些，有利于我们年画的发展。

凤翔年画第一次真正的展览应该是1983年，展览是在原来的中央工艺美术学院办的。从1983年开始，凤翔年画开始被陕西省以外的人们所了解了。这个时候我才知道年画原来是和学术有关系的，它已不仅仅是我们这里的人说的"画张"那么简单了。1984年，我们又去中央美术学院举办了一次展览。可以说这两次展览对当时凤翔年画的恢复来说是至关重要的，这也是对我们父子二人"文革"以后年画恢复工作的一种肯定，同时呢，凤怡年画社也受到省市文化部门的重视了。每年来我家参观访问的专家学者和交流技艺的人都很多，大多是一些美术院校的老师学生。省市新闻媒体也多次来我们这儿宣传报道，凤翔年画才一下子传扬开了。一直到今天，凤翔年画每年参加的展览越来越多，但这些活动主要还是在文化艺术界，民间百姓对年画的关注却越来越少了。

年画世家　第四章 父亲为年画的坎坷人生

> 图13　邰怡根据清末老版复制　1979年冬

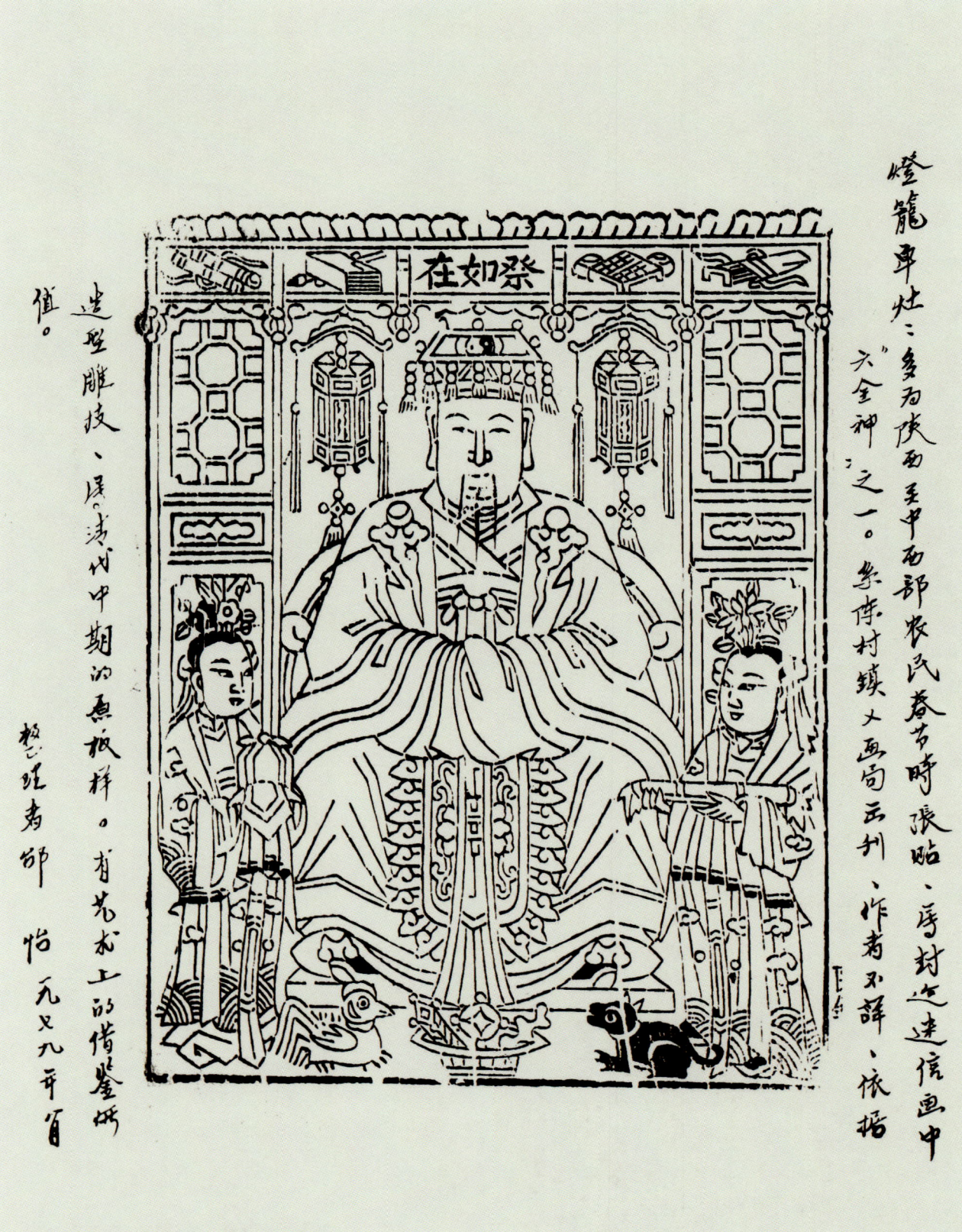

> 图14 灯笼单灶 六全神之一 邵怡收集
> 陈村镇清中期作品 30公分×20公分

> 图15 灵宝神判 邰怡作
> 1979年 30公分×20公分

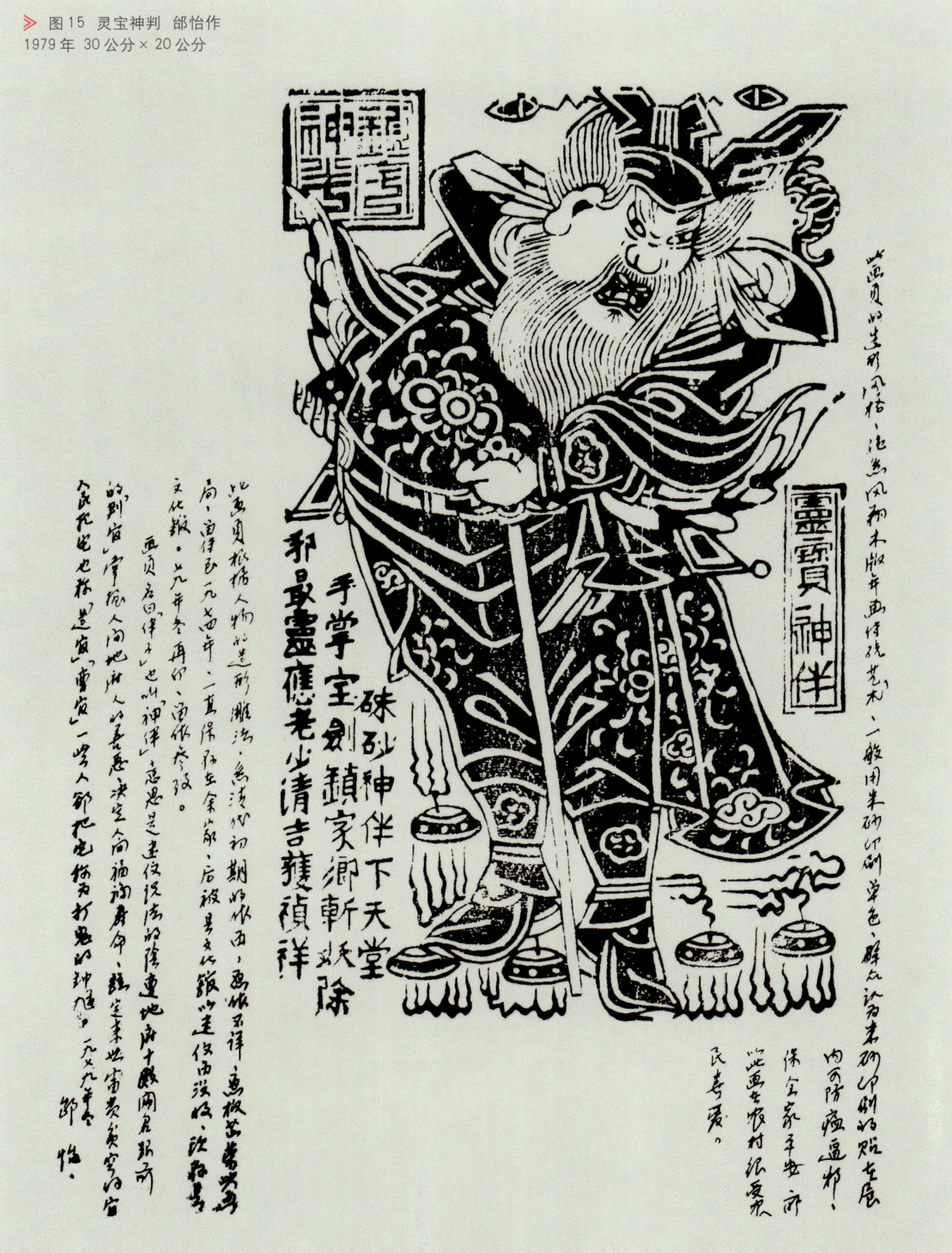

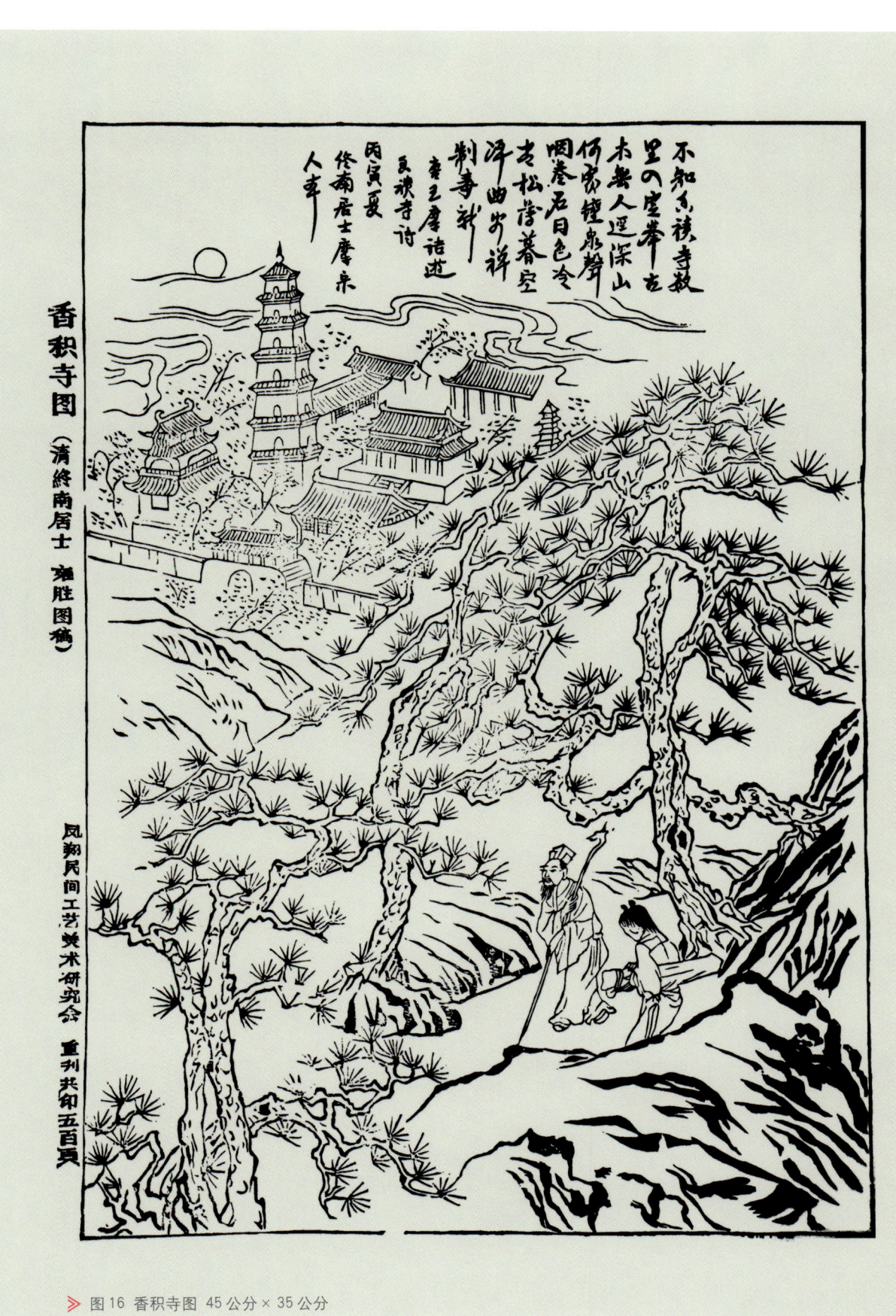

> 图 16 香积寺图 45公分×35公分

年画世家　第四章 父亲为年画的坎坷人生

>> 图17 行围采猎 《蝴蝶杯》故事 35公分×45公分

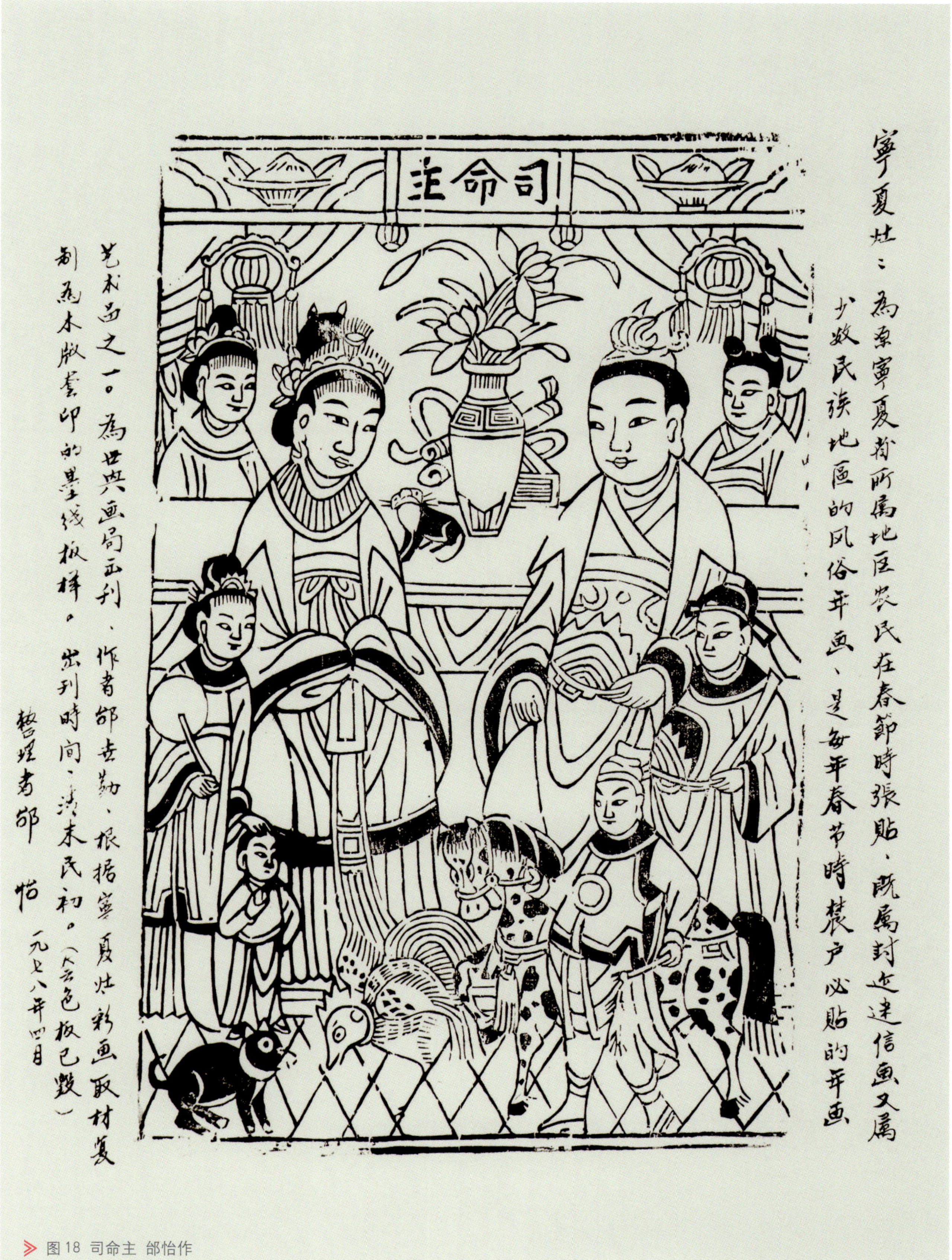

宁夏灶之二，为原宁夏辖所属地区农民在春节时张贴，既属封建迷信画又属少数民族地区的风俗年画，是每年春节时农户必贴的年画艺术品之一。为世兴画局所刊，作者邵喜勤，根据宁夏灶彩画取材复制为木版套印的墨线板样。出刊时间，清末民初。（套色板已毁）

整理者 邵 怡 一九七八年四月

▷ 图18 司命主 邵怡作

年画世家　第四章 父亲为年画的坎坷人生

≫ 图19 九天云柱 30公分×20公分

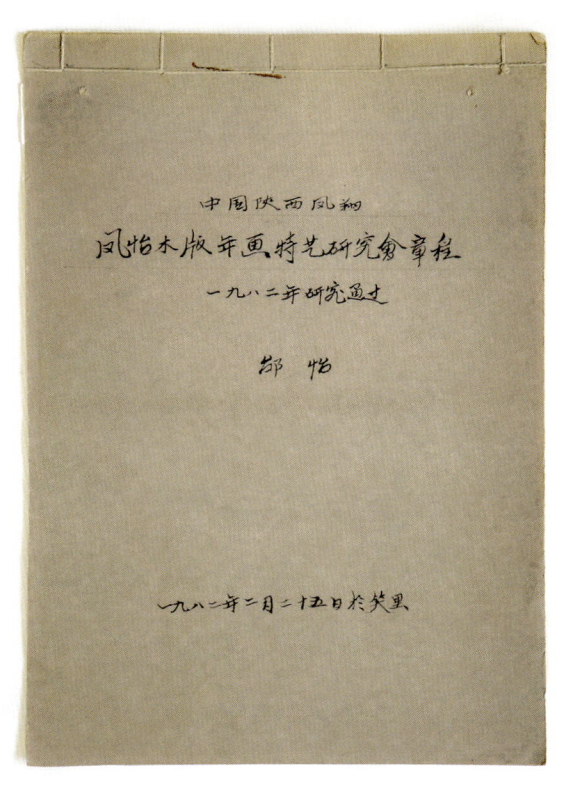

▷ 图20 特艺研究会章程 1982年邰怡起草

第四节　父亲笔下的凤翔年画

这是我父亲于1983年8月写下的一篇文章，详细真实地记述了他所经历的凤翔年画的几十年岁月，记录了他自身为年画的继续生存所做的艰苦努力。我一直保留着这份珍贵的原稿，这是他以第一人称的形式亲笔写下的许多篇口述性的文章中的一篇，可以说是"我手写我口，我笔述我心"吧。（图21、22）我每一次读后仍有身临其境之感。

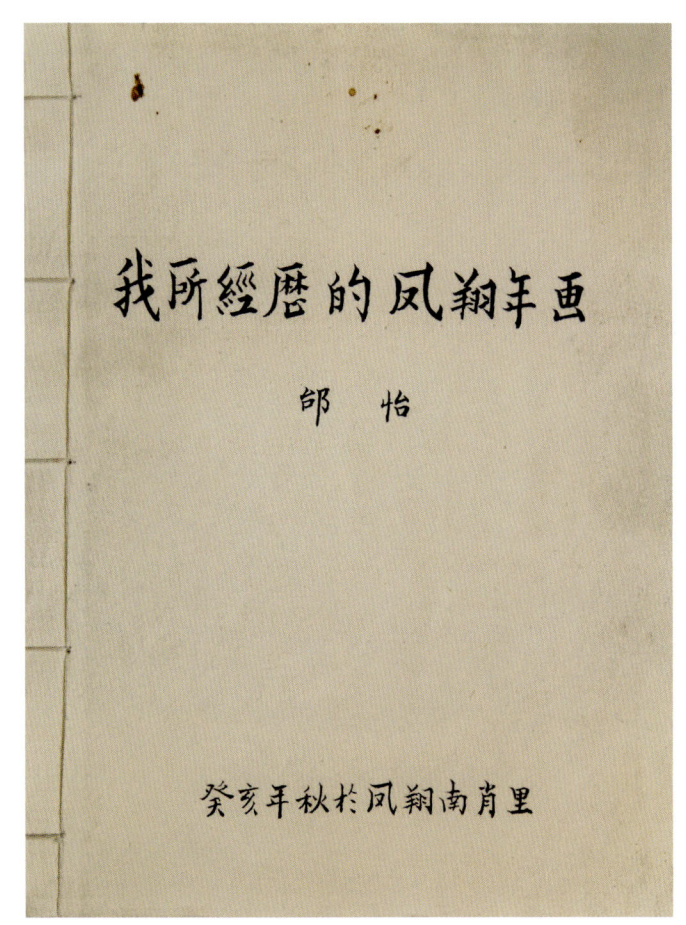

▷ 图21 邰怡的文章手稿之一

我所经历的凤翔年画

我叫邰怡,一九二零年十一月三日(农历)出生在陕西省凤翔县南小里村一个农民兼年画专家的家庭里。因此,从小就受到传统木板年画的熏染,长到七岁时已经能够从事年画的印刷、彩绘等工作。十七岁学校毕业,十八岁参加了地下党,从事了一些革命工作。新中国成立后于一九四九年七月一直在凤翔县人民政府工作。在一九五八年的政治运动中,被遣送回乡,从此过了二

图22 邰怡所写的文章手稿照片之二

十年的农村生活,期间并未放弃年画创作活动。直到一九七九年二月,在党中央英明领导下,才洗清了不白之冤,掀掉了本来就不存在的"帽子"。恢复了公职后,我就在县工艺美术公司主管民间工艺美术方面的工作。一九七九年二月,陕西省轻纺局工艺美术组会同宝鸡市轻工局、凤翔县文化馆,在凤翔进行技术考核后,正式授予我"陕西省工艺美术老艺人"荣誉称号。直到一九八零年十二月离休。我现在以病残之躯"不逾矩"之龄,回忆我一生的所经所见所闻有关凤翔传统木版年画的沧桑变化,感想思绪自然是扯不断、挽不住,因此,乡居之中絮写了一些材料,若果能够多少起一点传流事实的用处,也算尽到了一个过来人的义务本分吧!

凤翔木版年画,自公元十六世纪以来到今天四百七十多年来,一直生在农村、长在农村。从年画画稿、雕版、印刷到绘彩,都是乡村的劳动农民在农闲时手工操作的。按农村生产、生活美好期望取材,按农民传统爱好的造型配色习惯而创作的。长期以来,经过吸收前人兴味,艺人逐步修改,提高出新,形成了独特的艺术风格。赢得广大劳动农民的喜爱,打下了坚实的群众基础,在陕、甘、宁、青、川一带享有盛名,在国外也有一定影响。

凤翔年画的确切渊源尚待考证。新中国成立前南小里据邰氏家族奉祀的明正德丁卯年绘制的一幅祖案上记载：大明正德二年（公元一五〇七年）该族中就有八户农民从事年画副业生产。那么它的起源，要比这个时间为早。就那时算起，至今也已有四百七十六年的历史了。（图23）

又据清乾隆五十五年（公元一七九〇年）邰顺家谱记载，邰顺（即笔者的高祖）继承先人祖传的年画事业经营有万顺画局。清道光十五年（公元一八三五年）邰正荣（即笔者的曾祖）又改万顺画局为荣兴画局。清光绪十九年（公元一八九三年）邰润（即笔者的祖父）又改荣兴画局为世兴画局。期间共历六代人共一百九十多年。所遗存到现在的尚有八十块年画古版。传说在明末清初，南小里从事年画副业生产者，仅有十多家。当时主要是几种大门神、大墙面、《六全神》中的灶王、土地神、天地爷，全是用木板印墨线，用笔染颜色。农闲印染，春节前放到集市上卖给人。至今在我们村子里，还流传着"南小里的娃娃一丁丁（读作ding,即小的意思）生下来就画门神"口歌，证明当时的年画题材，主要是笔画染色。

▶ 图23 邰怡整理的画样集

到了清代中期，嘉庆、道光年间，凤翔年画由墨线手工染色，已逐步改变成全部套版印刷。道光年间荣兴画局留下来的大门神秦琼、敬德、方弼、方相等数块老版，其中已有墨线版和各色套版。但未发现有印胡须、面部各色的套版，证明了这些门神的胡须及面部细部的小面积色彩变化，仍是用笔绘的。

这时从事年画生产的地方，除南小里外，还有北小里、陈村镇，三个村共有三十多家。其中有正式画局名称的作坊有五六家。样品都是前人传下来的。种类除了十多幅大门神、大墙画，其余都是中小型的门神及神祃，如《六全神》（土地、天地神、灶王、龙王、仓神、牛马王）、《福、禄、寿》、《二十四孝》、《节孝传》、《天师降五毒》、《送子娘娘》、《春牛图》、《二十四节气》、《神判》、《药王》等，年产十多万张。主要销往陕西关中西部、甘肃及青海、宁夏部分地区。（图24～图26）

到了清末民初年间，凤翔年画逐年发展提高。从清光绪十九年（公元一八九三年）到一九二九年，年画生产者三村共有六七十家。其中有世兴画局、忠兴画局、树德画局。北小里的有复盛画局、兴盛画局、新盛画局等。陈村镇的有张记画局、李记画局等。年画品种有门画、大门神、中门神、小门神约四十多种，

109

图24 谷雨画之春牛图 30公分×20公分

▶ 图25 二十四节气图
30公分 × 20公分

▶ 图26 四季花灶王爷
30公分 × 20公分

造型有文、武、坐、立、骑马等式；形象多属历史人物，如商代的方弼、方相，唐代的秦琼、敬德、盖苏文、魏征，宋代的包文正等。还有神话故事人物，天官、福禄寿星、刘海戏金蟾、八仙、钟馗、神判等，还有六全神、槽马、槽猴。灶王神内有花草灶如四季花灶（一个灶王像、屏风上表现春夏秋冬四季花卉，多为一般平民张贴、流行陕西关中西部各地）、青袍灶（身着黑袍，多为农民张贴）、红袍灶、平顶冠灶、九龙珠（多为富裕户、有功名的绅士户张贴。）双灶神：如单印架、双印架、花瓶灶、灯笼灶，其中分四口、八口，多为关中东部、西部、甘肃部分地区张贴。另外还有宁夏灶、九天云柱灶，历灶、黄边灶、一佛二菩萨等，这类灶王神大部分在甘肃、陕西、青海等部分地区农民张贴。土地神有灯笼、龙斗虎两种，多为陕西关中地区农民张贴。墙画有横、竖页，分大、中、小三型。大幅有《三星图》、《孔雀戏牡丹》、《丹凤朝阳》、《雄鹰镇宅》、《锦上添花》、《钟馗》等。中型横三裁，取材有戏曲人物故事、神话故事、民间故事、寓言、幽默、风俗、花卉、鸟、兽等三百多种。历史故事类有《西游记》三十七种，《白蛇传》、《蝴蝶杯》、《武家坡》、《三国》、《封神演义》、《水浒》、《征东》、《征西》等各二十到十多种。其他还有《小人图》、《十二相属生克图》、《二十四孝》、《四时报喜》、《戟磬有余》、《莲生贵子》、《发福生财》等。小竖墙画四十多种，有《黄河阵》四册、《岳飞传》、《全家福》、《保国忠》、《单美人》、《双美人》等。窗花画分方格（四格为一幅）、顺格（也叫林次窗花）两种共四十多种。主要内容为历史故事、花卉、鸟兽、草虫、花瓶古玩等。谷雨画五十多种，谷雨画主要在春节后谷雨节前生产出售、张贴。内容有《单鸡吃蝎子》、《双鸡吃蝎子》、《春牛图》、《二十四节气》、《招财进宝》、《公平交易》、《男十忙》、《女十忙》、《小人图》、《白狼过秦川》等。另外还有些迷信画如《根造》、《龙凤铢两》以及咒符画、黄色画等。（图27～图30）

  这些取材，主要来自当地艺人创作，其中包括请庙宇画匠设计，加上引进仿造直隶的条屏年画内容。

  在艺术风格上，上述这三个产地尚能把持凤翔年画的特点，陈村镇的年画一般篇幅小，造型写实性较强，透视，图案、花纹细，线条细柔，自如蜿蜒，流畅，色块小，宜近观细看。如陈村镇李记的《全家福》小墙画、《各显其能》的画页，表现就比较突出。南、北小里村的年画，篇幅大方，造型粗犷夸张，突出重点，线条粗直，转折刚劲有力，人物面部五官俊俏、清晰，头大腰粗，显得朴实严谨、雄伟勇猛，色块大，色调对比强烈，显得鲜艳悦目，逗人心弦。所以凤翔年画在艺术上有东路、西路之分。

  在操作技法上，一般全用五至七色，单色套印和印复色。以大红、桃红、米黄（中黄）、深绿为主色，金黄（橘黄）、品浆（紫色）、蓝色、淡墨次之。其中多为全套色，个别画用黑白、淡墨加紫、蓝色，称为清素画，如《小人图》、《探寒窑》、《白狼过秦川》等，就是这类风格。

  用于工笔绘时，一般大笔刷天景、地景、水景，小笔在人物面部染胭脂，个别的上像粉、开红光、开眉光，如《灶王神》、《双美人》等画，就是这样加工。

  在这一个时期，常年产量在四百万张以上。其中《六全神》要占年画总产量的百分之五十以上。而世

≫ 图27 全家福 彩色 45公分 × 35公分

兴画局的常年产量要占全县总产的百分之五十。世兴画局的产品中墙画占总数的百分之八十。销往地区已扩大到陕、甘、宁、青、川及河南部分地方。

在原料上，由原用的川纸（即四川土产的竹黄纸，用白土刷白），传统矿、植物颜料（石黄、米黄"槐籽"、金晶石等），改用手工造的连史纸、机制白纸以至粗报纸。颜色多用化学酸、碱性品色。

追究这一段发展的原因，在于辛亥革命后军阀割据，封建势力不能统一，故木版年画在内容题材上多有创造发展。

一九二九年至一九三二年，由于"十八年大年馑"，期间关中西部连遭两次大旱灾、一次瘟疫，百分之五十的人民离乡逃荒。只有南小里七八家还在继续生产年画，多为六神、小门神。年产量仅三万到五万张，大部分售给甘肃、宁夏东部一些地方。这是凤翔年画在近代遇到的第一次重大打击。

一九三三年至一九三七年，凤翔年画迎来了发展最快、艺术提高最多的旺盛时期。荒病灾过后，外逃农民先后返乡，恢复生产、连年丰收，很快就恢复了灾前的生产、生活水平，并有发展。原来的年画生产户也都恢复了年画生产，并有增加。

一九三六年南小里、北小里、陈村共有年画生产户一百多家，画局十多家（大部分系原画局）。规模较大的画局，从业人员在三十多人，从设计、雕版、印刷、彩绘、发售形成了独立完整的能力。小些的画局，则互相合作，或分别工序雇请技工。生产的画幅、品种已达到原来的四百多种。年产量达六百多万张。一九三六年，世兴画局一家就生产四百二十多万张。其年画的品种比例、销售地区也恢复到原来的区域。在用料上，全用的是进口的"二洋毛边"白纸（相当现在的三十五克到四十克机制白办公纸），颜料全用德国大德颜料公司进口的松鹤牌大红、米黄、桃红精、金砂绿颜料。在印刷技术和彩绘技法上，除大部分画局沿用前法生产外，世兴画局因历史悠久、底子殷厚，设计、雕版、印刷、彩绘技术力量齐全，并坚持走提高质量、增加花色品种、保持传统艺术、降低成本的路子。虚心向外地学习，引进、借鉴河北省直隶木版年画题材和彩绘技法。对三裁横页墙画，除套印原来的大红、米黄、金黄、深绿等色外，还增加了鲜竺、淡墨、浓墨、紫色、草绿，套印色达十次以上。在彩绘上，由原来只刷天景、地景，染胭脂又增加了刷山景、水景、发际、胡须、立体皮肤、雾气，烟雾各色。对人物的面部，增上相粉（分桃红、紫色、橘黄等色）、染胭脂（分浓淡阴阳）、开红光（用赭石色）、开眉光、点睛等工序。（一部分是借鉴直隶和工笔重彩技法）。并对这类墙画研制套印银色（也叫印银）、描金。这样生产出的年画别有风味，达到锦上添花、画龙点睛的效果。销往西北各地，供不应求。后来，人们给这类年画增了一个美名叫"金三裁"。

但这类技法，其他画局也曾仿学试制，终未到手，因而未曾普及。唯套银一法，为大部分年画生产者所采用，而多用于迷信品的灶王神和个别的门神画页上。

这十多家画局，除了世兴画局，生产墙画的还有五六家。各家总样品不到三四种。其产量达不到世兴画局墙画总数的一半，彩绘技术未过关。他们曾改制缩小画版，简化图案、花纹，省略套色，去掉手工彩

图28 黄河阵三册 45公分×35公分

年画世家 第四章 父亲为年画的坎坷人生

> 图29 丁郎刻母 45公分×35公分

故事见二十四孝之《刻木事亲》。丁兰，相传为东汉时期河内（今河南安阳一带）人，幼年父母双亡，他经常思念父母的养育之恩，于是用木头刻成双亲的雕像，事之如生，凡事均和木像商议，从不懈怠。久之，其妻对木像便不太恭敬，竟好奇地用针刺木像的手指，而木像的手指居然有血流出。丁兰回家见木像眼中垂泪，问知实情，遂将妻子休弃。刻木为父母，形容在日时。寄言诸子侄，各要孝亲闱。

> 图30 三堂会审 35公分 × 45公分

绘。以求和世兴画局的"金三裁"年画竞争市场，结果都失败了。

一九三八年到一九四九年新中国成立前，是凤翔年画第二次衰退时期。八年抗日战争和解放战争期间，年画所需纸张、颜料，外货不进口，国内生产量少，国民党统治区人民生产下降，生活贫瘠，加上兵差、劳役和苛捐税赋的压迫剥削，从事年画的农民缺乏资金、原料，无心、无力、无时去经营这一农副艺业。这时，陈村镇的张记、李记等十多家早就停散，南、北小里仅留十多家小规模的生产六神、小门神，常年生产总数不到一百万张。仅销于陕西西部、甘肃东部各地。当时，不得不再次转用各色包装纸、土产本汞纸、蔴纸、枸纸及矿、植物颜料、槐籽水、红土、石黄等。画幅也缩小成八开、十开、十二开、十六开，造型、色调、花纹的质量连一九二一年也赶不上，下降到从未有过的低水平。购者亦不讲究，只要听说、认为是年画——六神、门神，买一张贴上就算过了年。

新中国成立后，一九五〇年到一九五三年，凤翔年画曾经历了一段非常复杂的变化过程。期间经恢复——改革——恢复——破坏，而给今天留下了丰富又深刻的经验教训。新中国成立初，党和国家对民间艺术曾经大力提倡和发扬。南、北小里的年画生产者和农民，组织起百人以上的年画会，选举领导，吸收专长，投版、投股、投劳，大量生产六神、门神，年产三百余万张，销往西北各地。这时原料全用机制自办公纸、白报纸、化学品色，印刷技术、质还可达到原来一般较高的水平。还对灶神进行套银，但对其他年画全未进行生产。

组织起来搞了两年，凤翔县文化馆、省文化艺术部门配合西安美术学校学生实习，来凤翔年画产地——南、北小里，对年画进行改革工作。当时他们集中创作了一批新年画，力图取代旧年画。有志愿军、解放军、民兵、战斗英雄、劳动模范等形象，有骑马式、站立式等十多种对开的新门画，工农联盟、医生、兴修水利、劳动模范、气象测量等作为六神的替代，还有《兄妹开荒》、《夫妻识字》、《婚姻自主》、《科学种田》等新作。这类画由年画会承担制版印刷、上市出售，对于封建迷信的六全神、小门神，一张也不让生产，并下令禁产、禁销、禁止张贴。在这样的行政措施之下，农民只好购买新年画了。这样坚持了两年，到一九五六年，年画会不得不解散了。解散的原因，主要由于社会上各种改革运动，移风易俗，加上新年画销路打不开。此后，年画生产又返回各家自营的局面。这时的产品内容，有新的又有传统的，还有新老各半的。生产户也增加了，产量也随之增加。但市场销售的结果，愈是传统旧年画愈供不应求，新年画多数积压。到了一九五七年，又恢复到全部生产旧六神、门神和传统年画。

为什么新中国成立后，劳动人民对这些新组织创作的新年画不肯接受呢？今天细究其原因，我认为有多方面缘故：

1. 文化管理部门对新年画创作和推广未坚持巩固，进一步改革提高；

2. 广大劳动人们长期以来根深蒂固的旧的传统习俗，一时还未根除，因而对旧作品留恋不舍；

3. 封建迷信思想影响残余；

4. 改革过来的新年画在内容题材上对劳动人民的切身思想情感及期望体会和表现不够；

5. 新年画的造型写实性过强，未掌握凤翔年画的传统艺术特点——夸张、突出重点、色调比对强烈等；

6. 新年画色调配用过于单纯，对大红、深绿、桃红、米黄采用得少，施色面积小而零散，对比不强烈、不鲜艳；

7. 年画内容简单概念化，农民感觉到没看头、没说头、没想头；

这都是新年画改革流于失败的重要原因。

一九五八年以后，由于"大跃进"、人民公社化，国家处于最困难的时期，农民生活实行"低标准"，元旦得下田迎接"开门红"，连传统节日面食也吃不上。失去了春节的意义。总的来说，当时人民群众无暇、无力、无趣来张贴年画了。有人贴年画，当时就会被撕下来，挨斗、受罚，因此，凤翔年画就不得不停产了。

一九六二年至一九六三年，经济形势刚刚回升时，为了生计，我牺牲夜晚休息时间，利用废纸残色，在旧版上重刻，用墨线染色的办法，生产了十多种纯以花卉为内容的窗花和"门芯子"（门画），年产万余张，在春节前，步行带到四十华里外的宝鸡县去出售（当时凤翔、岐山等县市，还在禁销），侥幸无人阻挡，被群众抢购一空。后来又这样连销了十多天，供不应求，这些东西后来在破"四旧"和"文革"时均被一起抄收。

一九六四年，破"四旧"运动在农村全面展开，南小里村被定为反坏的重点，重点中的重点又是原来的各画局。其中世兴画局又是重点典型。在县文化馆的领导下，抽配了公社、大队干部，组织突击抄查，共抄收南、北小里村、陈村镇三对年画版数千块；曾七次到我家抄收去原世兴画局、信羲画局的各年画墨线版三百七十八块。这些画版被抄收去，一部分上交县文化馆，一部分留大队。大队留下来的版，因被当时大队当事者窃、拿、改用、焚烧，片块已不存了。文化馆抄存的画版，除被窃、焚毁、损坏外，古版、价值珍贵、参考性高的全无。现留一百多块，因重视、认识不够，存放不善，管理不严，多腐朽、裂缝破损，不堪拓印。

在这个运动中，农村还有少量的匿藏未上交的部分旧版，后因上面多次抄查，而被迫自毁、改用或焚烧了。加上"文化大革命"长期运动，又多次抄查，"四旧"年画原版几乎扫荡殆尽。

"文革"的十多年中，凤翔传统年画几乎是灭绝了。一九六九年，我对凤翔年画历来兴衰的原因，作了长时间的思考、分析、研究，得出以下几点看法：

1. 涉及自然经济方面的，如一九二九年的旱灾、一九三二年的瘟疫，而使凤翔年画衰退。

2. 属于社会动荡的影响，如八年的抗日战争影响年画衰退。

3. 政治运动的影响，如"文化大革命"十年大浩劫的影响。

4. 技术方面的，如一九五四年年画改革，脱离了群众思想基础，失掉传统艺术风格。

我不甘心于凤翔年画就这样沉没毁灭，所以，根据以上四点主要原因，于一九七零年，不畏当时社会上各种限制和压力，克服了各种困难，开始又研制出十多种门画、三十多种方格窗花。这两类画主要按凤翔年画传统风格设计，题材内容、花纹图案，按劳动人民以往喜爱选样、配色。在生产和销售时为了避免当时"文革"中各"造反派"、"红卫兵"等的干涉阻挠和没收焚烧，在设计时适当地在画面上加上毛主席的诗、词，语录和结合"文革"的各种口号。用花中套字、字中衬花的艺术形式，印墨线手染彩色方式作画。结果，幸运得很！在生产和上市售出时，不但未被"造反派"、"红卫兵"等"战斗队"所阻止焚毁，反得到他们的保护、推介。而为群众购之一空，得到当时广大工、农、兵的赞赏欢迎。

在这样一种形势鼓舞下，从当时生产环境出发，为了提高生产，我继续研究出一种两人一同操作、一次印出一张全色成品画页的方法，提高原印刷彩绘功效五倍。所出的年画，浓淡自如，有活的生动感、明暗光感和立体感，别具一格，这是凤翔年画从未有过的一次探索。

这样延续了六年之久，先后有我县草滩营、南指挥、河南屯、六道村、何家堡等村的农民，一起来购买复制印染我的年画窗花、小门画，计有三十多家。年产量达四十多万张。主要零售到陕西关中西部各县，少部分售给接近陕西的甘肃附近地区。但这些后起复制的年画生产者，他们只能印墨线手工染色，其复制的艺术水平很差，更不会一次印全色画页，其原因是不能掌握这类技术。这类画在"文革"中未受到其他方面的干预，得以延续发展。想来这虽不属凤翔传统年画的恢复，也可算做凤翔年画的不绝其根的一种继续存在的方式吧。

一九七八年到一九八三年，是凤翔年画的第三次恢复发展时期。粉碎"四人帮"，党的十一届三中全会召开，有关文化艺术政策逐步得以贯彻执行。凤翔年画引起西安工艺美术界的关心过问，在全国工艺美术展览会筹备工作中，陕西省轻纺局工艺美术组通过县、社询问和催索凤翔年画样品。后来西安市艺术雕刻厂党晟同志、省轻纺局王宁宇、望东等同志还来到南小里村，热心发起，亲自辅导，省轻纺局、西安市艺术雕刻厂分别给予了一定的支持。又在南小里大队以邰怡等年画老艺人为骨干迅速组织起了"南小里民间工艺美术研究会"，努力搜集古版、原样，并在县文化馆拓印原抄收尚存的画样，进行复制。于一九七八年底，共研制年画二十八种，生产四十五万张。春节前上市与群众见面，被围购一空。不少县、市出现了排队拥挤争购的局面。研究会大受鼓舞，在此基础上，继续挖掘增加品种，到一九八〇年底，共研制年画七十多种。年产量一百五十多万张，由县工艺美术服务部经销。还先后参加了轻工部的多次产销订货会，扩大了在全国的影响。省市友谊商店也经销了部分产品。经销后总收入达十五万元之多。增加了社员和继南小里之后恢复和增加的年画生产点，还有北小里大队、五台大队、陈村镇的上营大队、纸坊生产小队等集体年画生产组织；还有南、北小里、马家庄等年产在三百万张以上。这些组织起来的集体单位和个体户，在年画的品种上，除了南小里大队生产墙画外，其他都生产的是小门画，个体户多生产的是六全神。用料全是机制的40克和60克的白单胶纸。操作方法仍是手工操作。大部分只用大红、深绿、中黄和紫、橘黄等三至五色的化学品色。个别墙画还进行手工染脸。在造型上，全是复制传统老版样，创新的几种新年画都按传统风格设计，个别偏向现代画、国画风格。在篇幅上，有大、中、小（一、二、四、六、八、十、十二、十六各开）多种。

在全国性产销订货会上，各地代表公认凤翔木版年画风格独特大方，概括性强，简练，艳丽，实空对比强烈，主题突出，有浓厚意境和健康的民族民间传统美感，加之售价便宜，故其得各省经营单位欢迎。

由一九八一年到一九八三年，凤翔年画趋于特大发展，在提高质量、增加花色品种上，仍保持了原恢复后的势态。但在这个时期的一个问题是：各地有关部门，对传统年画看法不一，如辽宁省委宣传部，曾干预地方禁销，省内也有个别县工商管理部门禁止。"政出多门"给凤翔县工艺美术服务部曾一度带来严重的经济影响。对于传统艺术品与封建迷信品的区别问题，终是一大问题。

截至一九八二年底，凤翔年画发展的速度、规模史无前例。全县生产年画的有"南小里大队民间工艺研究会"、"凤翔木版年画特艺研究会"两大家，另有个体户五十七家。年产量在一千万张以上。产值达二十多万元（其中内销为二十一万元，外销一万多元）。销往地区有西北、华北、东北、华南、华中、西南等十八个省（区）。外销、外展西欧、南洋、日本等十多个国家。其品种百分之四十为中、小门画，百分之六十为封建迷信的六全神。质量上大部为大红、深绿、中黄等三色。篇幅多为八到十二开。由于缩小篇幅、减少套色、省去彩绘，导致粗制滥造，连续降价，如八开小门画，国家核价每张四分二厘，但市场上最后降为一分。

凤翔年画自从一九七八年第三次恢复以来，五年内，先后参加了轻工业部在福州、贵阳、武汉、南京、长沙、南昌、合肥、沈阳等地方召开的全国内销工艺品、旅游纪念品供应交流会，全国在石家庄、徐州、西安、兰州等地方召开的全国工艺品、日杂品订货会，多次广交会。参加过全国工艺美术工作者会议的展出和操作表演，参加过一九八三年陕西省文化局主办的"陕西省民间美术展览"、中央工艺美术学院一九八三年在京主办的"凤翔民间美术展"、一九八四年中央美院在京主办的"凤翔民间工艺美术展览"，接待了法国民间艺术考查团的来访考查，西安电影制片厂前来拍摄了纪录影片，越来越引起国内外文化、艺术、出版、新闻界人士的重视。一九八二年，来凤怡画会访问、座谈拍照的北京、南京、苏州、西安等地的大中院校工艺美术界教授、专家、学生新闻记者等就达四十多人次。特别像香港记者、瑞典、美国、西德的专家教授，和国内各地的美术工作者，采访后均表示高度的称赞和推介。

看来传统的凤翔木版年画事业，前景一片大好。但中间确实还存着一些值得重视的问题：

1. 封建迷信画泛滥，这与生产大普及、个体户大发展有密切关系。一九八二年全县总产年画一千万张，而六全神类就占百分之六十以上。

2. 粗制滥造成风，这和上面所说的迷信品生产实在是一个事物的两个方面。如一九八二年生产的小型六神小门画，其篇幅小到十六开，色次减少到红、黄、绿三色。造型不正确，又不进行彩绘，花纹、图案简略，雕工粗拙，印出效果差，污染走色、失套，纸差质次，颜色浓淡失调。

3. 整个的年画创作、生产、销售、宣传，缺乏主管部门的协调、领导和支持。

4. 对传统艺术未有组织专门队伍开展认真的整理、研究、挖掘。

简单来说，凤翔年画现在的恢复程度，在产、销上超过了过去任何时刻。在艺术上、质量上、品种上却还达不到一九三六年的最高水平。因此更谈不到超过前人了。

要真正实现继续发展民间美术优秀遗产、为建设社会主义精神文明作贡献的目标，前面的任务艰巨。但是作为热心者总是要尽力为之吧！

邰 怡
一九八三年八月八日于凤翔南小里村

本章小结

  在邰家访谈时,我看到了大量的邰怡先生写的文章,这些写于上世纪80年代初的介绍文字、数十篇手稿,仍然完整地保留在邰立平手中。我全部复印下来并仔细地阅读,发现邰怡先生的文字功力不一般,他是个表述能力很强的笔杆子,写出的文章顺畅而有文采。他思路清晰,表述上多数采用第一人称,犹如口述史的整理文本,使人读来有身临其境之感。他还善于总结和分析,有问题意识,有自己的思路。他写的东西都是基于他熟悉的生活和田野调查,让人读后觉得真实可信。他这样的特殊艺人在全国太少见,偏偏他能够安于命运又怀揣理想,这也给他的人生涂上了悲剧色彩。邰怡先生的命运让人扼腕叹息,也给我们带来更多的思考,他的经历正是老一辈艺人在特殊的历史时期真实命运的写照。

注　释

[1] 一刀纸:一百张纸为一刀,这是民间计算纸张的计量单位。
[2] 不摊钱:摊,陕西方言,这里指计算在内的意思,意为不算在成本之内。

第五章

我的年画生涯

TAI LIPING IN THE TRADITION OF HIS ANCESTORS
An Oral History of the Chinese Woodblock New Year Printing

本章综述

　　过去的陕西省，有多个年画产地，除了凤翔外，还有汉中、西安郭杜镇、神木、浦城、榆林。直到1954年陕西群艺馆收集传统年画时，这些地方的年画还都在生产，因为在馆藏的三百余幅作品中，这些作品都存在，其中以凤翔南小里年画最为丰富，而南小里又以世兴画局的作品为最多最精。但是，由于"文革"的冲击，还有改革开放后外来文化、商业化的冲击，目前，除了凤翔的邰家年画外，其他年画已经都不复存在了，甚至可以说，整个西北地区，就剩下了邰家年画一苗独存。像他的父亲一样，邰立平在这里发挥的作用是显而易见的。

　　邰立平的年画生涯是忧喜参半的，用他自己的话说，这辈子前半生命运不好，总是处于逆境，改革开放后遇到了大好机遇，往往是好运提前光顾。而这一章中，从他讲述的年画生涯的故事，到他发愿刻版，独自一人做起了整个凤翔年画的复制、收集、整理工作，并走出凤翔，把凤翔年画带向世界各地，我们看到了他和爱人两人孤独行走的足迹。他和他的父辈不同，他开始不安于做农民做艺人，守着几亩地终其一生。但他经过了痛苦的抉择、选择了年画为其终生事业后，又为年画付出了全部心血。他的骨子里有种西北汉子的拧劲儿，有种背负天下大任的信心。从他一次次讨要被收缴的老版子的过程中，从他六年刻了三百套版子的超负荷工作量中，从他马不停蹄地游走在国内外的足迹中，我们可以看到一位现代工艺美术大师的成长经历，可以看到他年画人生的点点滴滴。

第一节　走上年画之路

　　我出生在一个木版年画世家，从小就在画版堆里长大，在年画制作方面，小时候受爷爷的影响很大，基本上我从 9 岁开始就可以独立刻版了。1968 年初中毕业后的，赶上"文革"开始，就再也没有机会上学了，我回到家跟随父亲做年画，也是在这一时期，父亲对我的一生产生了很六的影响，我现在以木版年画作为毕生事业主要影响就来自我父亲。（图 1）

　　我刚开始学做木版年画的时候，父亲还常常给人家的棺材、箱子柜子画一些漆画，父亲去干活儿的时候就把我带在身边，让我给他帮忙，打打下手，我也从中学到了些绘画的技法。到后来，父亲创作一些年

图1　邰立平在刻版　2006 年摄于宝鸡邰立平家中

画，我就跟着给他做号色（即填颜色）、套色等工作。时间长了，自己也就可以独立做活儿了。到改革开放之前，木版年画的每道工序我都已经熟练掌握了。后来父亲成立起了"南小里工艺美术研究会"，我很自然地就进入了这个研究会，在研究设计室专门画年画样子、做设计，这一干，就是整整3年。对我来说，这3年的基础训练在我以后的年画事业中起到了至关重要的作用，我也由此顺利地过渡到全职的年画生产者中来。到了1979年的时候，我自己已经恢复了近50个品种了。

在1978年之前，那些当兵、当工人、考学等等机会都没有我的份。尽管我本人是中农，但我父亲当时是"右派"啊，是戴了"帽子"的，所以我之前都没这个份当工人。我的政治条件不容许，所以想当也当不上。1979年我们县里开始招工，很多人都争着要找个吃商品粮的工作，我也去参加了县里木器工艺厂的招工考试，当时他们要在全县招十17工人，后来在30多个报名的人里面，我考了第2名，应该说我可以去当工人了。由于我的绘画基础比较好，所以正好合上了他们招工的步子。那时候当工人多好啊。要知道我每天一早起来就干到天黑呀，在大地里晒着太阳，那几年做年画差点没累死我。谁不想当工人啊！现在机会来了，我当时非常希望当上工人。

但刚好在这年的11月份，陕西省召开一个陕西省工艺美术艺人创作设计人员代表大会，当时陕西省的工艺美术界的代表有147位，我是其中一位，那时我27岁，属于最年轻的一个，是以乡镇企业的代表身份参加会议的。当时全省的乡镇企业代表只有10位，我代表他们在大会上作了一个发言。当时的陕西省委副书记也参加了这个大会，并且在他的总结报告中四次谈到了凤翔年画，省里边的领导都很重视这个事情，他们认为我们作为乡镇企业做得很好，不光表现在经济效益上，艺术水准也比较高，最后他对我们的做法给予了肯定，也强调要把这个事情做好。西安的那次会，我就和父亲提起了县里的工厂招工以及我想去当工人的事情，我父亲就跟我说了，过去我影响你，但是现在你自己选择吧。工厂你也考上了，你要去当工人就去当工人，你要做年画你就做年画，你自己定。那个时候我整整两个晚上都没睡觉啊！因为好几个专家都鼓励我去接着搞年画。当时王宁宇老师、党荣华厅长还有现在在国画院的苗重安老师就给我建议："你不要去做什么工人，不要去吃什么商品粮，你就做你们的木版年画，把你们家的木版年画继承下来。"他们还说："你们的年画都传承了几百年、几十代人了，但是不能在你这一代把他丢掉。"当时省群艺馆的曹海水老师也曾经找我谈过。我当时也很矛盾，心想这么多年我当兵当不上，上学也受限制，现在有了当工人的机会，我为什么不去呢？他们后来就给我讲这其中的道理，他们说民间美术这一块以后做的人会越来越少，你应该把这个传承下去，不要让这个几百年的历史到你这一代最后没人做了，要真是这样的话，会很可惜的。当时我确实是想不通，可后来我就考虑，他们都是省里面的专家，如果只是其中的一个人这样劝我的话，我还觉得听不听都无所谓，但这下有这么多的人都在劝我别放弃，我就得好好考虑了，我再不做年画的话，真的就没人再做了，所以我当时考虑了两天后，就决定放弃当工人，继续回家好好做年画。

第二节　淘版子和收集画样的那段日子

陕西省工艺美术艺人创作设计人员代表大会开了6天，开完后，王宁宇老师就给我写了一封介绍信，让我去西安美院拜访一下版画系的系主任李习勤老师。王老师当时给我说，西安美院原来买了十几块我们家的版[1]，现在我要做恢复工作的话，最好先去找找他，让他帮我看看以前他们买走的版还在不在，如果在的话，让李老师帮忙给我从那些版上拓几个样子。后来我就去了西安美院，那时的美院还在长安县那边，离西安市区还很远，而且车也很少。我去了以后，李习勤老师对我特别热情，就问了我一些凤翔木版年画的现状，他也很关心我们木版年画的恢复工作。记得当时我是很紧张的，李老师给我买了一碗面条端过来，我们边吃边谈这个事情，但可惜的是当时他们资料室的保管员刚好不在，所以我就没有拿到那些原来的画稿。李习勤老师开导我说年画这个东西不仅要继承，更重要的还在于创新，还问我创新的进展。我就告诉他现在我还没有很成熟的创新作品，也谈了一下当时我们在发展过程中比较困难的地方，后来他说以后他们还可以帮我们做一些事情。

我从西安回来以后，就开始了老版子的复制工作。王宁宇老师还帮我设计复制了那幅《金刚经》里面的《佛说法图》。当时他告诉我，这幅画是当今最古老的一幅版画，原作现藏于大英博物馆，现在把画稿给我，让我把这幅画按以前的风格复制出来，看能不能刻到最好，这对我们凤翔木版年画的刻功是一个检验。后来我和另外两个专管制版的老艺人巨锐和任建功一起开始复制这块版，那幅画中画面的主体部分都是他们俩刻的，但他们由于年龄的缘故，眼神不太好，所以我就让他们把人物的面部都留下来交给我刻，因为那幅画中的人物特别多，要是把人物的面部表情刻坏的话，这幅画的意义也就不大了。剩下的文字部分，是我和我们村里当时的大队会计邰秉奎一起完成的。我们三个人一块儿刻了32天，把它刻完了。这张画原来是藏在敦煌莫高窟的藏经洞里面的，让英国人给盗走了。后来，我们国内的学者到大英博物馆把这张画给拍回来，出版在书里面。所以，在国内就没有这个原木版印的画了。印出来以后，我就拿给王宁宇老师看，他当时看完后就说，这块版体现了我们的水平，刻得是相当不错的。可以说为这块版我们是下了很大的工夫的，这块版的雕刻成功，使我们凤翔木版年画的刻功有了很大的提高，以前大刀阔斧刻版的那种粗糙有了很大的改善，复制《佛说法图》到现在都使我们受益很大。王宁宇老师不光从开发恢复年画来扶植我们，他还从艺术水准的提高方面给我们做了大量的指导工作。(图2)

后来他又介绍我去省群艺馆，说省群艺馆大概还有一批我们凤翔年画，让我去看看，如果我们没有的，就可以拷贝回来。当时没有复印机，只能照猫画虎地描下来，曹海水老师是美术组的组长，他出于我们要恢复年画的考虑，告诉我可以拷贝一些。当时王有政老师在场，他现在是陕西名气很大的一位画家。王有

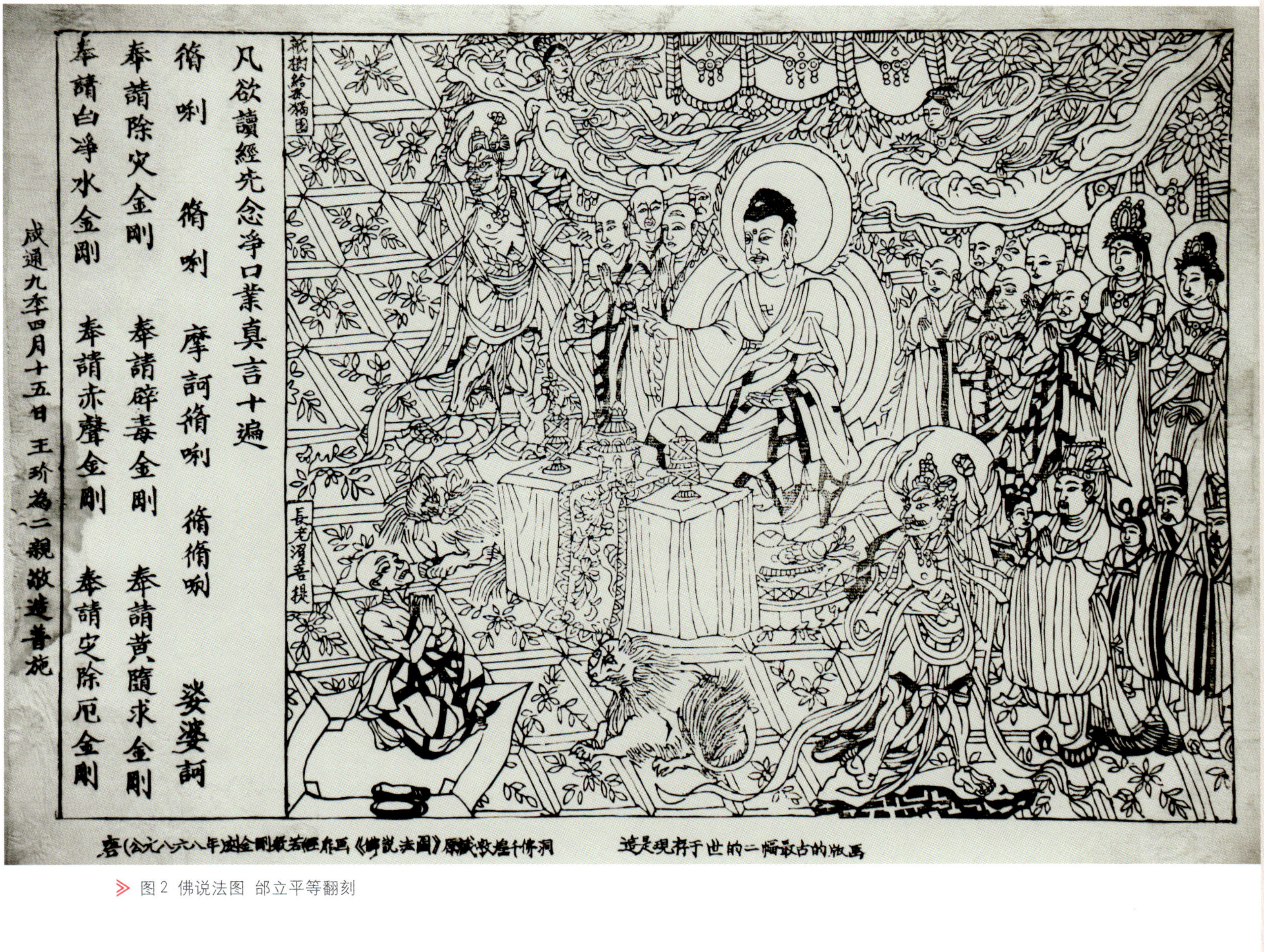

> 图2 佛说法图 邰立平等翻刻

政是王宁宇的同学，当时管那个资料库，王宁宇老师就给他写了张条，说不通过美术组，让我直接去他的资料室里面，锁上门，拷贝几个年画的样子。王有政老师一看，就说让我偷着二这个事，真给他出了难题啊，还是要和负责人说一下。大概王有政老师感觉拷贝几个画样也不会有太大问题，就和曹海水老师说了。所以我就趴在省群艺馆的拷贝台上，整整拷贝了两天。每天早上8点去馆里，12点吃饭的时候，我出去买点吃的，回来时下午2点，每次进来偷偷地把门锁上，到下午6点结束。中间要是来人，王有政老师告诉我说，人家要是问起，就说是工艺美术公司的。我就在那里面拷贝，现在我所有的《西游记》年画，就是1979年在省群艺馆拷贝过来的。我当时为什么去拷贝这些画呢？因为当时我还在我们村里面的研究会里工作，吃住行是公费的，给报销的，要不然我自己还负担不起这些花费呢。我拷贝回来的画样，我们村里就开始复制。《西游记》里面的色彩，套色都是我专门给设计的。当然，以前有些也有颜色的，我就用笔记下来，回来再设计参照一下，重新设计颜色。（图3~图9）

▶ 图3 《西游记》之白骨洞 35公分×45公分

> 图4 《西游记》之火焰山 35公分×45公分

> 图5 《西游记》之求真经 35公分×45公分

▷ 图6 《西游记》之三藏收徒 35公分×45公分

▷ 图7 《西游记》之三盗芭蕉扇 35公分×45公分

图8 《西游记》之狮子大洞 35公分×45公分

图9 《西游记》之通天河 35公分×45公分

年画世家　第五章　我的年画生涯

　　这部分年画是怎么到省群艺馆去的呢？那是1954年的时候，省群艺馆的周克难老师到我们家里来过，那时我爷爷还在世，周老师当时买了一些宣纸，拿到我们家来，在我们家的老版上印的，有的没有套色版，他就拿出他带的国画颜料，让我爷爷给他用手工填上颜色，填一幅画他付给一毛五分钱，当时我爷爷还很高兴呢，大概给他填了有100幅画。后来到了1979年，我在群艺馆见到这些画的时候，我特地登记了一下，一共有70幅画[2]，都保存得比较好，他们都是用绫子裱好的。当时两天的时间我拷贝了8幅画。所以现在他们的管理员说没那么多画啊，我就跟他们说，我1979年10月份来这里拷贝过，当时做的统计。他们说他们现在没有了。因为他们的仓库搬了一次家，把东西搬到礼堂去了，东西一大堆。其间可能遗失了很多年画。

　　后来我还去了西安美院两次，李习勤老师说我们的版现在已经没有了，被别人把那梨木板刨平以后做黑白木刻了。后来他把他自己以前印的两张寄给我，让我做恢复工作，其中一张是《李逵夺鱼》。（图10）所以我为这个年画的恢复工作跑了很多路，也多亏这些热心的老师们给我们很大的帮助，他们有些从艺术指导的角度，有的从提供资料的角度，有的从宣传方面，都在关心我们，所以我经常说我们凤翔年画

≫ 图10　李逵夺鱼　35公分 × 45公分

134

的机遇很好。一个是1978年以后，政策开放了，这也是我们几十年以来等到的好时代；另外一个就是遇到了这些帮助我们的老师们，他们都是我们省里面的专家，是从开始到现在一直在关心我们年画发展的人。前几天我到省里去，党厅长还给我谈到我们凤翔年画的颜色要改进，不要只单单用化学颜料，还可以尝试用过去的那些传统颜料。所以凤翔年画得益于大的环境政策，现在对民间艺术的政策越来越好，省里面、宝鸡市对凤翔木版年画都是很重视的。有一位安正中老师，他开始在我们宝鸡市艺术馆工作，后来调到了省美协，他也一直很关心我们凤翔木版年画的发展，有了他们的帮助再加上我和我父亲我们两代人的不懈努力，到1980年，我们恢复的品种有70多个。

1978年，省里面的一些老师让我给他们印一些年画样子，我就和巨锐、任建功一起去凤翔县文化馆。我们当时看到县文化馆把那些版都堆放在一个保管室里，那个保管室地势比较低，一下雨，水排不出去，就产生淤泥，那些版就在那些淤泥里面浸泡着。后来我们用的时候，先把那些版从淤泥里掏出来，用清水冲洗干净，然后放到太阳底下晾晒一会再拿来用。我们光洗那些版就用了好长时间。我们印了有三天时间，后来我给自己留了一套，把当时能印的都印出来了。后来我又去印了两次，到现在的样子基本上就比较全了，当时我用的是上海的这种纸。我那会还是在村里的研究会里面。我们就用老样子直接贴版，有的残一些的我就给补一下。1979年，我们又去文化馆印了一次画，那次去我就把凤翔县文化馆的版做了一个统计，在文化馆的版大概有三百零几块，光我们世兴画局的就有169块，这就是我当时一边印一边做的统计，当时还有我们省里面几位老师我们一块去的。从那时开始我们就向文化馆索要这些从我家抄走的版子，但一直到现在也没有归还给我们。1988年到1990年前后，我们继续索要的时候，文化馆的人说那些版已经没有多少了，大概就二三十块了，其实到底还有多少，谁也不知道了。

凤翔年画现在保存下来的原版，最老的是那块老版《雄鹰镇宅》，是明代的原版，《方弼》、《方相》、《上朝秦琼》、《上朝敬德》等都属于清代的原版。还有一个《关圣帝君》，也属于清代的，但这幅画我到现在还没有原版，只能是根据年画的样子复制的新版。（图11～图13）那是我当时去湖北美院办展览的时候，一位研究生拿着王树村老师出的一本书，里面有十幅我们的年画，这

» 图11 雄鹰镇宅 邰家保留的最早的古版

年画世家 第五章 我的年画生涯

图 12 上朝秦琼 110公分×60公分

136

图13 上朝敬德 110公分×60公分

年画世家　第五章　我的年画生涯

图14 龙凤钱马 邰立平太祖父时期的年画，高建中收藏 为发现最早的一幅邰家年画 45公分×35公分

138

些年画我们竟然连样子都没有，当时见到这些的时候，我是很激动的，后来那位研究生就把这几幅给我复印了一下，我回来后又把它们再次复印，描成画稿，复制了出来，这又增加了10个品种。

还有一次，是在2001年，我们去南京参加首届吉祥艺术节的时候，遇到南京一位叫高建中的收藏家，他是个工人，但他喜欢民间木版年画，从很早就开始收藏。他认识我后就邀请我去他家做客，看看他收藏的年画。当时我一看到这些画就很震惊，光那些古版年画，像明代的、清代的杨柳青、桃花坞年画他都有一部分，包括我们家的年画在内他大概有300多幅，有些也是我没有见过的，除此之外，他还收藏了300多幅月份牌年画，总共算起来，他收藏了700多幅。当时在他那里我发现了一幅《龙凤钱马》的年画，这幅画应该是我太祖父时期印的一幅年画，当时我就告诉他这幅年画是我们家的，然后我就问这幅画的来源，问他是从哪里收藏来的，他说他是在南京买的。我问他能不能让我用相机拍一下，他告诉我如果这幅画真的是我们家的话，他可以送给我让我拿回去复制。他说这幅画当时有个美籍华人出高价买，他也没有卖。我当时就承诺把我这次来南京办展览带的60多种作品，每样给他送一幅，当做回赠，等我回去把这幅画的版复制出来后，又印了两张新的寄给他，他当时也很高兴。后来南京电视台把这件事情当做那次艺术节的一个亮点做了一期节目，并且在南京电视台播出。当时我就很感慨：我们凤翔年画在恢复过程中，遇见了很多高风亮节的专家和收藏家，他们都对我们的恢复工作很支持，也正因为有了他们的热心帮助，我们的凤翔年画才能恢复到现在的300多个品种。（图14）

第三节　六年刻了三百套版子

我现在刻的版加起来，已经用了10多方木料。当时的木工用电刨给我刨版、拼版就用了两个月时间，我再把它们一刀一刀刻出来，这个工作量的确很大。我先要买木料，再自己刨版。我有两把刨子，专门用来刨版的，刨好版子后，再合缝子，然后再打磨，用粗中细三种砂纸打磨光滑，这种打磨的活一般都是我爱人来做，她给我打下手，做好版子然后贴版[3]，再刻版。不光要刻线版，在刻套色版之前还要号色，在号色之前，每幅画还要填好四种不同的色彩搭配，同样的区域要填四幅画，再选一幅最得意的，再去分色，这个一般都是晚上去做，只有把这些活儿都做完了，才算完成这一整套画版的工序。基本上我刻好版以后，洗版都是她的活儿，要把版子上残留的糨糊和纸胎洗干净才行。从1980年到1986年，我整整刻了6年的版。后来我去一些学校像西安美院、湖北美院等办展览讲座时就谈到，人一生只要有决心、有毅力，什么事情都能干成。那6年当中，我差不多每天晚上都是睡三四个小时，一天有20个小时在干活，除此之外，我还要做一些挖掘和宣传工作。就这样恢复画版到179套，不光有墨线版，还有套色版。我当时也调侃地给那些大学生们说，六年时间这样的过来，考个北大清华大概也差不多了，只要有恒心，就不怕事情做不

》图15 贴好的版子

成。等到1986年那179块版摆到那里的时候，我长长地出了口气，我觉得这下才轻松了一点，我有这么多东西放在这里了。（图15、16）

  1979年去西安开会的时候我去见了王宁宇老师。他对我说："你来一趟西安不容易，所以也先不要急着回去，我带你到省图书馆去一趟，那里有一个藏书楼，里面有很多一般人见不到的中国古书里的一些插图，你们以后要做木刻，恰好这些插图都是木线刻的，多看看对你们以后的恢复工作会有所帮助。"这以前，我从来没有看过这些装订得很精美的线装图书的插图。那天他拿着省轻工局的介绍信带着我去了省图。到了后，他就告诉我让我坐着别动，他去给我挑书，他挑了一摞书给我抱过来，让我坐在那里光翻着看就

> 图16 邰立平刻好的三百套版子（局部）2006年摄于宝鸡邰立平家

> 图17 邰立平夫妇与王树村夫妇合影 2004年10月

可以了，等我看完了这些，他又给我挑了另外的一摞，如此反复好几次，持续了4个小时。他当时就让我注意过去的插图是怎么画的，其风格和我们的年画有什么不同，其刻功又有什么独到的地方。这件事，给我的一生留下了深刻的印象，当时我是非常感动的，我心想，他作为一个搞艺术的专家，对民间美术如此执著，我心想，我是一个从事年画的艺人，更应该把木版年画当做一种事业做下去。

我从1991年开始参加中国工艺美术学会民间工艺美术专业委员会开始，也受到了很多专家老师的指导，像王树村老师[4]、薄松年老师[5]、曹振峰老师[6]、李寸松老师[7]等等，他们对我非常关心，我应该怎样去回报这些关心呢？也许我只有更努力地工作，把凤翔木版年画恢复起来，这才是对他们最大的回报。（图17）我后来讲了一句实话，我说，我能把年画做好是因为有这些专家给宣传、给张罗的结果。我们省里的专家像王宁宇、王有政这些人都在帮我们做工作。还有过去省群艺馆的老师、美术界的老师都特别关心我。宝鸡市的安正中老师，那人特别好，是这些人一直把我抬在肩膀上，抬到今天，抬到现在。再后来就是王连海老师和你们这些人。所以我这人一生啊，前期命运不好，到了后来老是事情还没做到，人家就已经把我抬到很高了，我的命运的确还是很不错的。我跟好多人都这么说,好多事情我还没做到那个份呢,人家都已经觉得我做得很好了,我反倒是自己要给自己施压了,得把事情做好。

第四节 走出凤翔

我们1983年去中央工艺美院办展览,这是凤翔年画第一次办比较正式的展览。中央工艺美院的团委书记和学生会会长听说凤翔有木版年画后就来到我们凤翔做调查。因为那时候大家都只知道天津杨柳青和苏州桃花坞这些有名气的年画,他们从来都不知道凤翔还有年画,但当他们来到我家看完以后,他们就说我们家的年画大气,和别的地方的年画感觉又有所不同。回去以后就给他们学院汇报,说能不能邀请我们过去在中央工艺美院办个展览,当时学院就同意了。后来他们又来到凤翔,拿着中央工艺美院的邀请函邀请我们去办展览。1983年7月份,我父亲去中央工艺美院办凤翔木版年画的第一次展览。那次展览上,中央工艺美院把摄像机、照相机还有录音设备都用上了,我父亲也给他们做了一个讲座,这些后来都作为资料性的东西留给中央工艺美院了,到现在我也没有看到那些东西,它已经成为很珍贵的资料了。这次展览的成功也促成了中央美院的凤翔年画展览。

1984年4月份,我们受邀请又去中央美院办了一次凤翔年画展,这次的展览也是相当成功。那时作为学院里面的老师和学生,他们接触的民间美术的东西很少,当时中央美院还有一个连环画年画专业,所以我们去了他们也让我父亲给他们做了一次讲座,那时的氛围很好。当时的吕胜中老师和冯真老师对民间美术这一块都很重视,也给我们做了很多艺术上的指导。这两次展览在北京也引起很大的反响,很多人没想到凤翔还有这么好的年画。因为以前我们这个地方很封闭,

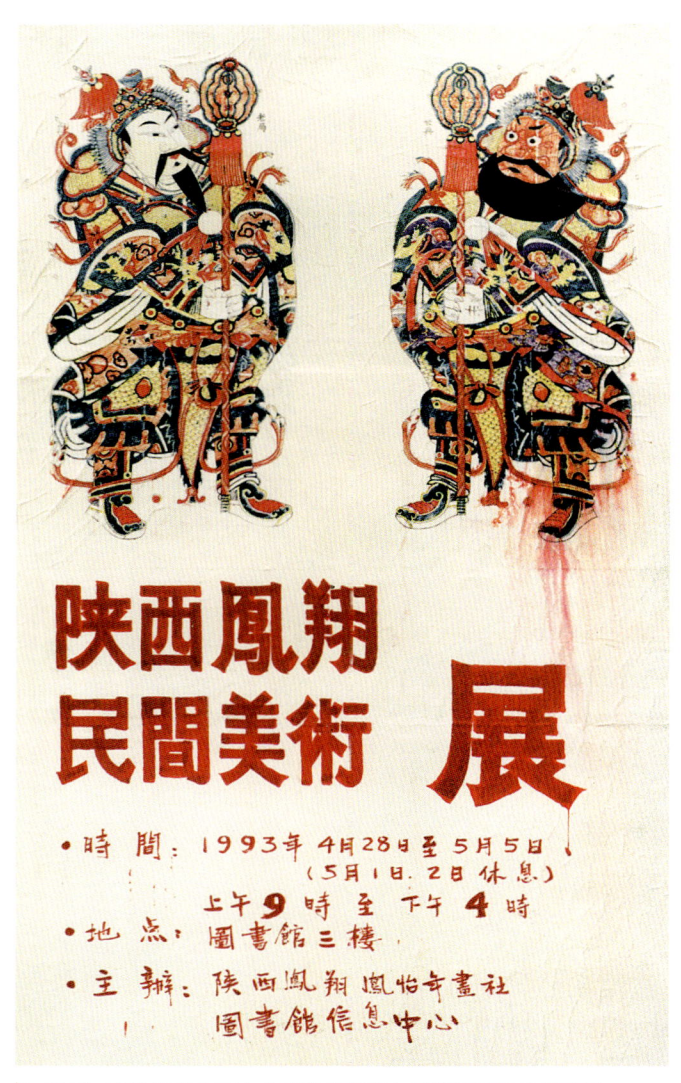

▶ 图18 1993年在北京中央工艺学院举办凤翔年画展的招贴画

和外界的接触相当少，也导致过去凤翔年画很少为人所知。1984年的展览以后，我们仍然继续做着凤翔木版年画的恢复工作。到1986年时，年画品种恢复到170多种，画版恢复到1000多块。1989年，安正中老师就介绍我到陕西省美术馆办一个包括我和父亲两代人的年画收藏展，那次展览后，省美协和西安美院的很多老师认为我和我父亲两代人把凤翔木版年画的恢复工作做得的确不错，当时，省群艺馆、省国画院还有省图书馆的很多老师都去看了这次展览。在那段时间我家的年画反响很大，后来西安美院很多老师给我来信对我们的年画评价很高。

　　1993年，我们在中央工艺美院办第二次展览，这是继1983年第一次展览后我们第二次去中央工艺美院办展览。（图18）第一次的时候我们只有六七十个品种，1993年去的时候，我们已经有200多个品种，所以从规模上远胜于第一次的展览，好多新挖掘的年画人们还没有见过。北京的展览结束以后我们就直接从北京去上海参加二届民博会了，第二届民间艺术博览会在上海展览中心举办，在那次展览上我展出了新出的第一卷《凤翔木版年画选》，时任上海市市委书记的吴邦国也来参观展览，并在年画选上亲笔签名。（图19）这种事情在以前是想都没有想过的。离开上海，我们又应邀去了浙江美院，浙江美院的展览本来定的

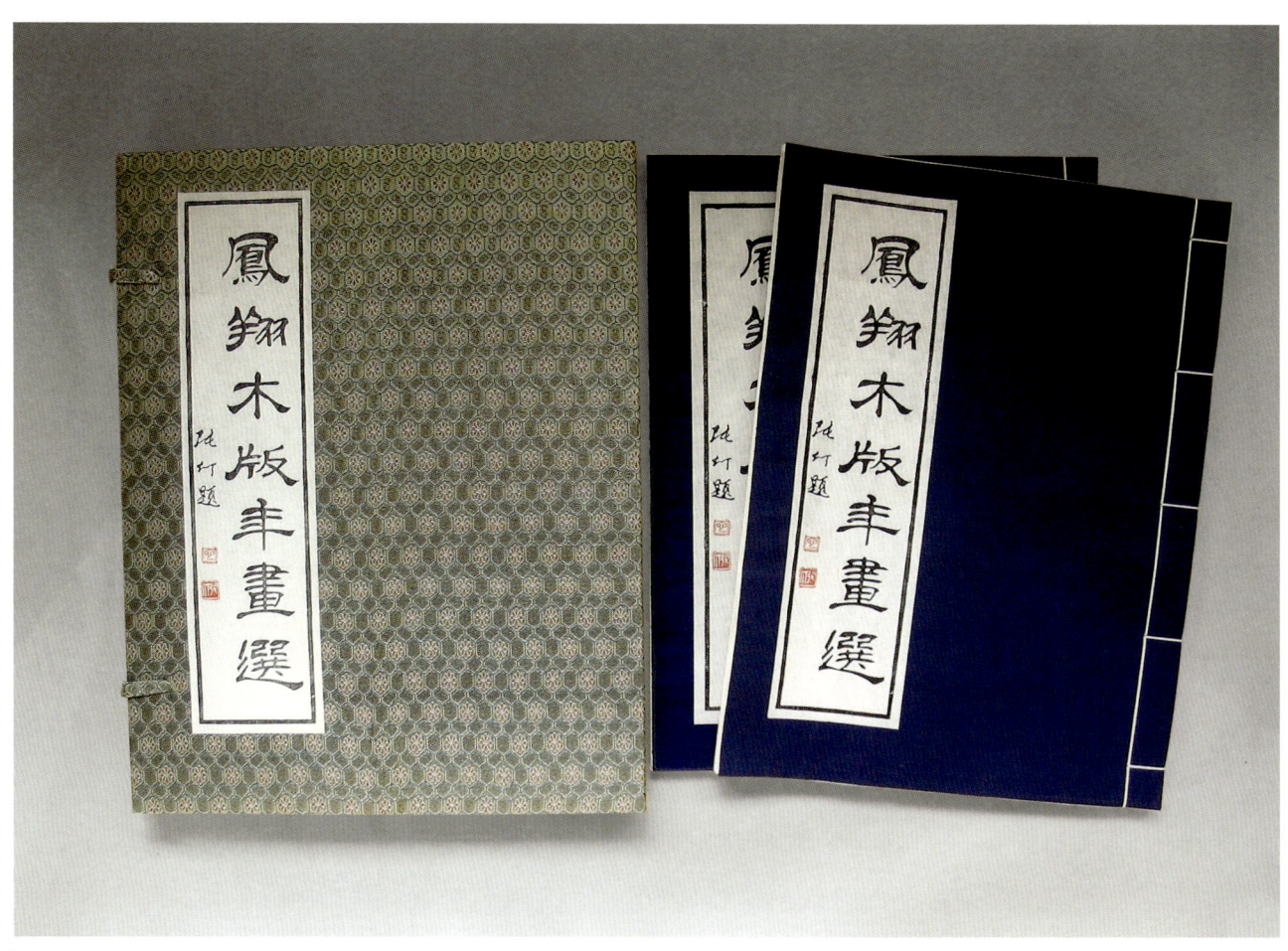

▷ 图19 《凤翔木版年画选》 张仃题写书名

展出时间是五天，结果等到第三天的时候，我带的所有的东西几乎已经全部卖完了，连墙上贴的布展的年画也被他们预订了。后来浙江美院的肖锋院长过来看了我们的展览并给我们的年画很高评价，决定让他们学院的每个系都把我的年画选各收藏一套，虽然我是第一次在浙美办展览，但还是感觉到他们那边对西北的民间美术的喜爱之情，也可能是因为南北的民间美术差异比较大的缘故，所以觉得很新奇。1993年京沪杭三展的成功，彻底打开了凤翔木版年画在全国的市场，也起到了非常好的宣传作用，让全国各地更多的人了解到凤翔木版年画，也提高了凤翔木版年画受欢迎的程度，这三个展览是迄今为止我感觉办得最好的三个展览。

1993年，澳大利亚澳华博物馆的唐念亚小姐来中国考察中国的民间木版年画，她曾经在中央美院留学三年，主要研究中国美术史。她考察了中国13个民间木版年画产地，她先到杨柳青，然后依次到桃花坞、武强、潍坊、朱仙镇，后来到临汾，第七站到凤翔。她到我家的那天，我正在割麦子，当时也很热，他们把我从地里叫回来后我就接待了她，当时她已经看过六家的年画了，她看完凤翔的年画后觉得比较古朴。然后她就要邀请我过去办展览，到年底的时候，我收到了他们的邀请函，他们当时要做一次中国木版年画珍品收藏展，所以他们来中国考察中国的13个年画产地，离开凤翔后，他们还去了绵竹、湖南滩头、佛山、漳州、泉州等地，后来就决定邀请我代表中国木版年画在澳洲做一次展览。因为我以前从来没有在国外办过展览，所以当时接到这个邀请函的时候很惊讶，也很高兴。我就在想，我一个搞木版年画的艺人能够到国外去办展览，行吗？因为在我们这个展览之前是凡高的藏画展，紧接着就是中国木版年画珍品收藏展。当时展出了中国的木版年画100幅，我带的陕西年画占了69幅，剩下的就是全国其他地区的年画，中国驻墨尔本的总领事邹明荣先生和文化领事田开富，还有维多利亚州的议长、华人美协主席、华联主席和华人商会的会长，他们都出席了开幕礼。中国最传统的画种之一木版年画在澳大利亚展出，这还是第一次，展出时间刚好又是中国的腊月到正月期间，所以也受到了华人的欢迎，来看展览的人很多，澳大利亚有很多学校也组织学生来看。由于这次展览的品种都是精品，再加上他们的宣传很到位，官方和华人社团也都很重视，所以展览办得很成功。后来我接受澳洲媒体采访的时候就说，通过我们的共同努力，希望以后能多一些澳大利亚和中国的文化交流，这是我们的愿望，况且我们中国和澳大利亚的人文环境差异比较大，彼此之间都感觉很新奇，这个就是促进我们频繁交流的基础。后来《墨尔本地铁报》对那次展览做了一次报道，题目就叫《一位传承500年历史的年画家》，我回来的时候也把这个报纸带了回来。我从墨尔本回来以后，省文化厅的党厅长就对我说："你的父辈他们做了几百年的年画，也从来没有去国外办过展览，而你现在能去国外办展览，这是你的机遇也是你的运气，你给你们祖上也算是争光了，回去以后，应该到你们的祖坟上去告慰一下。"后来我就去了我父亲和我爷爷的坟上去看望他们了，我想我们的祖辈以前把凤翔木版年画做得那么大，规格那么高，但从来没有到国外去过，而我1994年是第一次出国，并且很荣幸地代表中国的木版年画。国外很多人对我们的评价很高，对我们的期望值也很高，凤翔木版年画在过去曾经

> 图20 澳大利亚《墨尔本地铁报》对邰立平的报道 1994年8月

辉煌过，改革开放以后又能继续做起来，这得益于政策和环境的改善，我们具体做这个工作的人应该付出更多劳动把这个做好，这是最重要的。（图20）

1994年的展览结束以后，我2月28日离开澳洲，3月份我们又开始准备去香港的一个展览，当时是我和做马勺脸谱的李继友老师一起去的。因为香港的这个展览已经定了。后来我没有去巴黎，但靳之林老师[8]把我的作品带过去参展了。在香港的展览当时也是十分轰动，因为香港很多人虽然见过年画，但大多都是杨柳青和桃花坞的，从来没有见过陕西凤翔的木版年画，所以第一次见到凤翔木版年画，他们感觉很新奇，凤翔年画给他们的第一感觉就是美。后来我也结交了一些香港的收藏家，像许晴野老师，他就是香港一个很著名的年画收藏家。我到香港的第二天他就邀请我到他家里去看他收藏的年画，他收藏的有天津杨柳青的、有潍坊的、有桃花坞的，还有漳州和泉州的年画，因为他的祖籍是福建，所以他收藏的福建的年画比较多。我们当时聊了很长时间，聊得也非常投机。每次办展览，既能宣传年画，也能销售一部分年画，有些收入，还能和这些收藏家以及一些专家学者交朋友，所以我觉得办的这些展览的确很有意义。后来许晴野老师买了我好多年画，他说他以前托大陆的朋友也收藏过我的年画，我一看果真是我们家的年画，他还在出的一些书里面把我们的年画收录进去不少，他也很高兴和我们交朋友。通过这些展览，我也觉得我们的木版年画不仅在内地受欢迎，在香港甚至在国外也有一定的认同感，从风格特点上也有很多人喜欢。带到香港去的很多东西，销售得也相当好。结束以后，主办方包括中华文化交流中心也很高兴，说以后有机会还要邀请我们过去，他们也有很多的想法。而且在香港的那次展览当中，他们做了一件很有意义的事情，他们让香港一部分喜欢民间文化的人去参与这个事情，他们办了一个临时的学习班，招收了一些喜欢民间艺术的学员。我给他们在那边印年画刻版做示范，他们参与进来可以刻也可以印，我在旁边作指导，他们办了三个晚上，一个晚上三个小时，从6点开始到9点，可当他们自己亲手做了以后，就更加喜欢了，不想停下来，有时就会一直延长到10点，其中很多都是女孩子，她们对这个相当感兴趣。主办方让市民参与进来做互动的这个策划非常好。当时我就没想到凤翔木版年画作为内地最传统的一种民间文化样式，在香港竟然能这么受欢迎。刚开始去的时候，我还在顾虑香港人的认可度，估计他们的热情不会很高，但后来的结果却说明了问题。而法国巴黎的那个展览在巴黎中国城一直从3月份展到9月份，展了整整半年时间。（图21）

从1994年以后，年画展览就慢慢多起来。1995年，我们应邀去湖北美院办展览，后来一共去了6个省的民间艺术品种，有贵州苗族的工艺品，还有蔚县的剪纸，凤翔年画作为其中的一个门类参加展览。同年，我们去江西师范大学美术学院办了一次展览，当时我们顺便还去了湖南凤凰参加中国工艺美术学会。那次展览的同时，我也给他们做了讲解演示，在学校办展览，差不多都要给学生做讲座和演示，要让学生了解一下凤翔木版年画的历史、风格特点和制作过程，后来我也借鉴了那次在香港的那种互动形式，让学生们也参与进来，自己动手做一下，这样做的效果的确非常好。1997年到1998年，我们参加了好几次展览。

到1999年的时候，我们参加了在法国巴黎举办的《99'巴黎·中国文化周》。（图22）那次全国年画

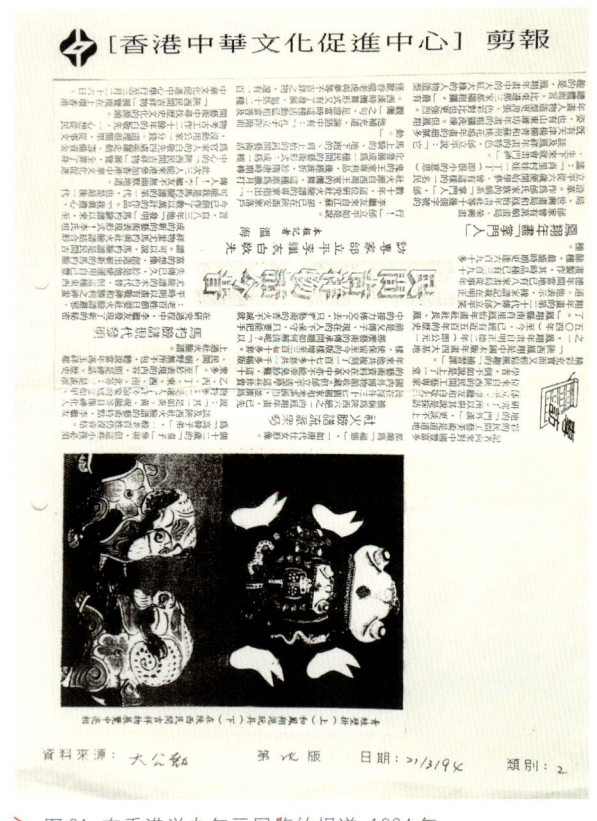

➤ 图21 在香港举办年画展览的报道 1994年

➤ 图22 邰立平在法国参加中国文化周活动留影，背景为凤翔年画中的武门神 1999年

就去了我们凤翔木版年画,由省里边组团过去,我当时带的参展作品是我们的代表作——四对八张大门神,也带了准备演示用的工具。民间美术类的艺人全国去了9位,陕西省去了3位,当时我们省占了一个将近20平方米的展区,我一看地方太小,就向组委会提出,年画以前都是摆在地摊上的,任由老百姓来翻看的,地方太小的话就限制了人们的兴趣,后来组委会就同意给我们拓展展区。后来展览开始后,来观看展览的人们纷纷过来询问我有关凤翔年画的情况,问哪方面问题的都有。当时给我们三个人就配了一个翻译,翻译经常忙不过来。有一位老太太,她是中国驻联合国教科文组织的官员的家属,她自愿给我当起了翻译,还有一些留学生,都自愿给我们做起了翻译。有一位华东师范大学的老师,他每天下午都过来给我们帮忙。他给观众讲中国年画的历史和作用,讲年画作为中国春节的吉祥物贴在哪些地方等,等他讲完后,欧洲的观众就表现了极大的兴趣,纷纷选购,有的还要我签上名字或者盖上印章。

从第四天开始,每天来参观的人越来越多,我也一直从早上9点忙到晚上闭馆。后来国务院新闻办主任赵启正过来,说没想到中国的民间艺术在国外这么受欢迎,吸引了这么多的人。当时我也在那边给他们做演示,看的人也是里三层外三层。虽然那次的展览是以展为主,但我们销售得也非常好,也因为赴法展览是中法文化交流年的重要组成部分,所以中法两国政府和人民对这次展览的重视程度比较高,展厅所在的位置是联合国教科文组织大厦,地点好。活动期间,联合国教科文组织大厦周围的17个宣传横幅上也印上了凤翔年画的一对骑马的秦琼和敬德。我从来没有想到凤翔年画作为中国最传统的民间艺术能在联合国教科文组织大厦展出,这是以前不敢想也没有想到的。后来我就问为什么在年画当中非要选中凤翔木版年画,他说当时他们也询问过中央美院的一些老师,那些老师推荐说如果要最传统的原汁原味的年画的话,那应该让凤翔木版年画去,而全国别的地方的年画相对来说气息比较现代一些,不如凤翔年画古朴,就因为这一点他们选中了我们凤翔木版年画。(图23、24)

通过这次展览,我也觉得在以后的创作中必须保持自己的风格,保证自己的特点不要变,如果这个变了,那我们也就会失去自己的艺术价值了。从展览的效应来看,欧洲人对我们的民间传统的东西很感兴趣。像我带的《凤翔木版年画选》(那时候我已经出版了第二卷),被法兰西学院汉学研究室的一个教授给买走了。所以我得出一个结论,只要把这个事做好,不光是国内会对你认可,国外的人也会对你认可,这也启示我们必须在以后的创作中保留好自己的风格,这不仅是凤翔木版年画以后应该注意的,也是全国其他地区的年画创新都要注意的,怎样在保留原来风格特点的基础上进行创新的问题,是一个很值得重视的问题。

2000年,我们又在西安美术学院做了一次展览,因为我们虽然在央美、浙美等美院办过展览,却没有在西安美院办过展览,后来西安美院的杨晓阳院长也说我们在全国各地办展览,但却没有在自己的家门口办过展览。当然在自己家门口做展览又和在外地办展览不同,因为随着年画的宣传,本地人见得很多,平时也经常能接触到,所以我们做的时候应该有和以前不一样的地方,杨晓阳院长看完这次展览,就告诉我等展览完了以后,我带的所有的东西都不要带回去了,学院把我带的所有的民间工艺品都要收藏,这不

图23 骑马秦琼 45公分×35公分

图24 骑马敬德 45公分×35公分

149

年画世家 第五章 我的年画生涯

仅是对我们年画的一个肯定，也说明了西安美院对民间艺术这一块还是很重视的。在西安美院那次我也做了个关于凤翔木版年画的讲座，学生和老师也积极踊跃地向我提问、交流，对我来说，民间年画走进专业的艺术院校，和学生老师互动，在很大程度上也启迪了我，以后年画还可以从专业的角度来发展。2000年我们还去了哈尔滨大学、哈尔滨师范大学办展览。

2004年，我们应邀在深圳博物馆做了一次陕西民间美术展，在这之前，中央电视台的《美术星空》栏目做一个关于这次展览的前期的宣传工作，他们到我们家里来拍我们的准备工作，接着跟踪拍摄整个展览的过程。在深圳的展览刚好在春节期间。在深圳这个中国最新兴的城市里展出咱们西北农村最传统的艺术形

> 图25 广东美术馆展览期间的媒体报道

式，除了年画、还有我们这里的刺绣、剪纸、泥塑等，我们当时很担心过去以后那里的人们不接受这些东西。到了以后，由于他们的宣传工作做得很到位，从大年初一开始，来深圳博物馆参观的人就络绎不绝。这个展览的反响也很大，当时《深圳商报》、深圳电视台等很多媒体都做了报道，展出年画大概100多幅，销售的也很好。我们也做了现场的演示，很多人都踊跃参与，连小孩子也参与了。也有很多内地到深圳过年的一些家属，他们一看都能说出来这是陕西的年画，也觉得很亲切，这也

> 图26 广州媒体的相关报道 2004年

多少让我们有点意外。

　　2005年4月份，我们又应邀在广东美术馆办了一次展览，广东美术馆算是全国比较有名的美术馆之一，在华南地区很有影响，他们那次把展览的品位做得很高，每一块展板、镜框都是量身定做的，布展也有专门的人员来做。和那个展览同步展的有法国蓬皮杜艺术中心的藏画展，包括凡高、米罗等大师级人物的作品；还有岭南画派林镛老师的国画展。把西方的油画、中国的国画和中国最传统的陕西木版年画一起展出，这几个画种反差很大，当时去看展的艺术院校的师生很多，展览影响很大，好多人在美术馆的留言簿里面写了很多赞美的话，说他们既看到了印象派的油画和中国的国画，又看到了中国最传统的年画，木版年画的大红大绿的风格和那些油画国画截然不同，在他们眼里年画不像那些正统的绘画一样高不可攀，在互相比较中他们也学到了很多东西。在广东美术馆展出期间，我们又抽时间在深圳职业技术学院做了一次小展览，并且给动漫系做了一个讲座，当时也是延长了展出时间。后来我又去了广州美院给他们做了一个讲座，很多学生也提到他们在广东美术馆看展览时的感受，他们大都感觉很新奇。（图25、26）

本章小结

  我和邰立平先生认识多年了,而我感觉直到我做了对他的多次采访,才真正了解他。听他谈起童年的苦难、创业的艰辛、劳作的辛苦,不仅感慨万千。他讲到他为年画不惜得罪当地相关部门的一些过往,父亲死时内心的痛苦和泪水,为年画的宣传和销售长途奔波,承担风险的压力。这一切,仿佛他的年画一样,一张张地展现在我的眼前。我常想,做一个艺人并不难,做好自己的手艺就可以了,但是要承担一种文化传承的责任却不是轻松的事,这是一个要人发愿、痛下狠心而且要付诸实践乃至一生心血的事,一旦承诺,就再也没有回头的路。邰立平用自己刻出的三百多套年画套色版和一大堆荣誉证书、用他的实际行动践行了他的承诺。口述史是言之有物的信史,是开不得玩笑的真实记述。只有当你近距离接触一个人、接近他的内心世界时,才可能真正了解一个人的真实世界,而这时的口述史也才真正是客观的和真实的。

注 释

[1] 根据邰立平的记忆,这次被买走的版子应该是16块。
[2] 关于这70幅画,笔者在2007年的考察中,查看了这批老版画,它们仍然被完好地保留在省群众艺术馆。本书中的一些作品,就采用了其中馆藏的一部分。
[3] 贴版:指将画好的纸稿,用糨糊反贴在木版上,以备刻版使用。
[4] 王树村老师:中国著名民间艺术研究家,中国艺术研究院研究员。
[5] 薄松年老师:中央美术学院教授,美术史论家。
[6] 曹振锋老师:原中国美术馆馆长,研究员,已逝。
[7] 李寸松老师:原中国美术馆民间美术博物馆馆长,研究员。
[8] 靳之林老师:中央美术学院教授。

第六章
家传的手艺

TAI LIPING IN THE TRADITION OF HIS ANCESTORS
An Oral History of the Chinese Woodblock New Year Printing

这一章主要是对凤翔年画本体,包括年画的制作工具、制作技艺、制版、刻版、印画、染色工艺、传统颜料的制作和使用,凤翔特有的年画题材及分类,年画的应用习俗,邰家年画的风格和特点,进行了比较全面细致的记述和分析。凤翔年画的独特性不仅在于它特有的题材和内容,更重要的是其使用习俗、民众审美心理更多地是在民俗生活中展现出来的。邰家年画的艺术风格的独特性也是与其制作技艺密切相关的。民间艺术研究的一个重要领域就是对传统技艺的整理和提炼。这也是这本书的重点之一。

第一节 邰家年画的制作技艺

1. 工具

木版年画刻版工具主要是一套各种规格和用途的刀具，一般有以下几种：（图1）

（1）斜角中刃刀

一般配备两把，一把斜角很尖的刀，这种刀适合刻细微部分，像面部眼、眉、鼻、嘴、胡须等，其中一把大斜角刀主要刻大线、中线及大面积稍粗部位，这种刀最常用。（图2）

（2）平口中刃刀

窄刀约3毫米～4毫米宽，用来掁錾版[1]，主要站细小线条、边线和特别小的空间，另有一把平口中刃刀，稍宽，约5毫米～8毫米宽，主要用在稍大空地和中线、长线版用，这种刀最常用。（图3）

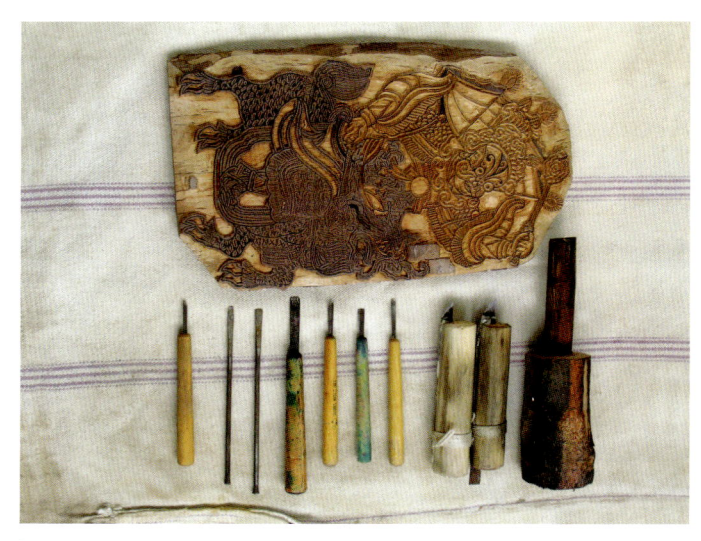

图1（A）刻版工具

（3）平口偏刃刀

一把窄刀，用在细小部的起底，约4毫米～5毫米宽，另一把稍宽，约8毫米～9毫米宽，最常用于中、大部分的起大块底，也可用在四周大边的起底。在磨刀时必须用三种不同粗细的磨刀石，磨刀时先粗磨，后细磨，最后用极细的磨石将刀刃磨好，见刀刃发青才显锋利。只有磨出锋利的刀具，刻版时才能将刀运用自如、得心应手，才能刻出高水平的画版。"人快不如家什儿快"也是这个道理。磨刀具也很有讲究，刀刃坡度要恰到好处，刀刃刀尖磨太薄太尖了容易损伤，刀刃太厚不锋利又用起来不快，不易吃木，刻起来也费

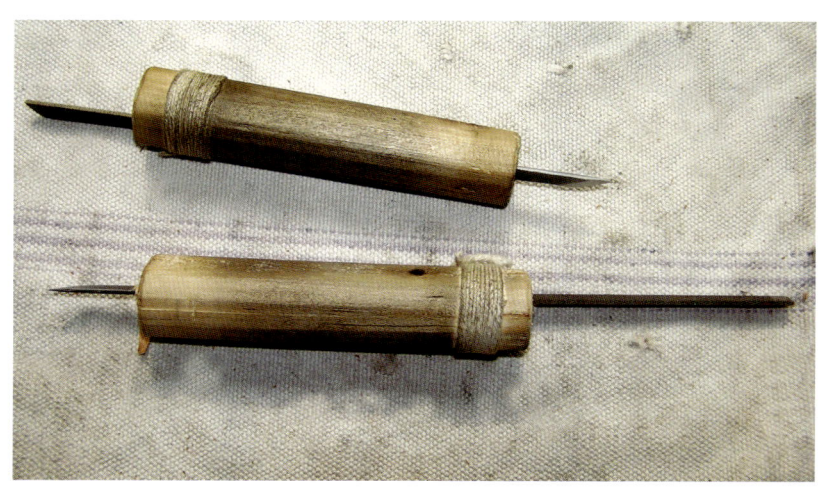

图2 年画制作工具之一——刻刀

劲，而且刻出画版线面不光，质量不高。所以磨木刻刀是一个很讲究技术的活，必须耐心，把每一把刀都要磨成坡度合适、斜角尖合适而且刀刃锋利的刀具。工具的好坏和磨刀技术的高低对年画版刻工的好坏影响极大。（图4）

2. 制版

（1）起稿

起稿，就是出样子，也就是先画出一张画稿，现在的话说就是设计。这是一张年画的起始，最后的成败，都是依据这张画稿的水平。过去有实力的画局都是请专门的画师来出稿，像天津杨柳青的大画店请名画家出稿一样，这样能保证创作水平。我们邰家的年画过去都是自己出稿，或请人出一部分，像我爷爷那辈人，自己有很好的画功，同时也请老苏师和杨师出样，或几个人共同参与，研究画稿，定稿后，再刻版，这是原创性的工作。也有翻刻老版子的，那种出稿按照原样描摹就行，民间印画数量大的老版子，就需要多次翻刻，也就要多次描稿。稿子是灵魂，只有把画样定下来，才能进行下一步。

（2）贴版

贴版也叫上样子，也叫落墨。就是在打光的梨木版子上，把画好的墨线稿画面朝下扣在版上，用手指沿版的四周边棱压下，定好版和画的位置后，

▶ 图3 錾刀：即用来挖掉大块底子和刻长线时所用刻刀的一种刻刀

▶ 图4 起刀：挖木版底子用的刀具

▶ 图5 起版

≫ 图 6 贴好画样的版子

四面压印，以示记号，将画样搁放一边，再在版子上用手涂匀一层软硬适中的糨糊，用手掌横竖来回刷三次，将糨糊拉匀，待糨糊糨水部分浸入梨木版后，把画样面朝下扣贴版上，再用手轻轻从画中心向外呈米字拍实，让画样充分贴实，等到约七成干后，将画面背面纸胎撕掉，直到清晰看见画面线条为止。（图5）

凤翔木版年画画版的板材，全部都是用当地北山里面所产的梨木，一般原木买回后自己或请木匠解成一寸半厚的方板，也叫梨木方料，然后搁在木楼上通风处阴干三年，过三个夏季，让梨木方自然定型后，再请木工根据画面大小尺寸拼粘、缝合、刨平、打磨光后备用。

（3）刻线版

有了好的画样子，还必须要有好的刻工，这里要着重说明的是，雕刻年画墨线版，绝不纯粹是简单的复制，而是要在画稿基础上做一次再创作。一般来说，雕刻应力求忠实于原作，一个好的雕刻工，在雕刻前，要对所刻画版进行审视揣摩，要让画面的笔情墨趣与心手相融，让原画的风貌气韵渗入雕版中，对于画样中某些不足和不便印刷的部分可在雕版中予以弥补和修正，落墨后第一道工序就是錾版，錾版时用中刃平口刀沿线的两边约二三毫米用木槌敲打直刀刻线，深度约为3毫米～6毫米，整个版面均以先里后外、先横后竖的次序站完后，再用站斜角把画面的细小部分斜站细致，只要从斜角的地方能站到的可站的部分，尽可能完全站到。再用偏刃平口起刀起掉两条木线之间的部分，也叫挖空。只留下有墨线的粗线，站（此处指挖）大块底子时，较大的空处中间须渐渐挖深些，这样以免印时纸塌陷下去把画面弄脏。大块底子錾清楚

> 图7 錾版

> 图8 挖空

159

图9 浸版

后，便可浸版[2]。凤翔木版雕刻浸版是用食用菜籽油饱浸三次，每次浸后6至12小时再浸第二次、第三次。等油全部浸入梨木版中以后，用废纸擦去版上浮油，即可开始刻版。浸菜籽油的版子刻起来会很酥软、好刻，版子就不容易裂。（图6~图9）

刻版过程一般的顺序是先头后手再身子，头部先眼后眉再发须。刻的顺序为先里线、后外线，先刻里线，线外未刻的木棱就有靠手，不易出现失误和断线；先刻横线后刻竖线，先刻横线把木纹刻断，再刻竖线以防雕刻时木纹顺刀跑造成横线断线，形成残缺。一般先用轻刀将轮廓线内线划开，屏住气，一口气刻两三尺。再用挑刀法照准第一刀，再刻第二刀、第三刀直到刻至所需深度。这里要注意每一线条的第一刀刻画，是定线的一刀，这一刀把线的粗细、曲直流畅和线的刀味和力度都将体现出来。更重要的是发挥单刀木刻全线的特长，使刻出的版子取得用笔难以表现的艺术效果。表现出木版雕刻的刀味、木味和韵味。所以这第一刀是最重要的一刀，一般大版和粗线条版刻得较深，小版和细线条版较浅。木版刻深一般在3毫米~6毫米之间，因版而异。（图10）

图10 刻版 细部

世兴画局的画版雕刻一般线条匀称流畅，起笔处稍轻，落笔处稍重，头上线条轻，脚上线条较重，这只有很轻微的变化，一般不很明显。由于用糨糊贴版，所以刻版时要比画样的线条稍细一些去刻画，就是说所刻线条要略细于原贴版线，这样刻好版、洗好版后，线才刚好符合原画的粗细。否则，刻好洗版后略粗于原画线条（因为木版见水膨胀），年画版墨线版雕刻中，还应特别注意两线或多线交叉处的刻画，前面所说，凡线第一刀都是直接刻画，从不跳刀，所以交叉处在第二刀、三刀刻时要把交叉处刻到，也叫"交代清楚"，在这些交叉部位不能出现任何模糊不清或粘连的大弯角现象。刻版过刀不够，交叉处不清，是木版雕刻的一大忌讳，绝对要注意做好。

另外木版雕刻时对于用刀的角度，也就是线的两面坡度，即"陡刀立线"分直形和坡形两种，一般来

图11 刻好的木版

说线条坡度陡刻得深,印画数量就大;坡度浅的印就数少。一般繁线密线宜直坡,简线竖线要坡度稍大,这种方法刻出的画版利于印刷。刻好的版子要用带木把的偏刃平口刀沿线的两根剔平大块底,尤其要逐线

图12 刻好的版子

检查两线或多线的交叉接连处,看是否刻剔清楚,线根部全部剔清后,刻好的版子本身就是一块艺术价值很高的美术品。刻好的版子用清水刷洗干净,使其显出真木,放通风处阴干后就可开始印刷墨线画样了。一般第一次刷墨要横竖多刷几遍,等墨汁充分吃足后再排刷几次,然后再开始印刷,即可一次印好八九张,以备号色(填色)之用。(图11、12)

(4)分色版(号色版)

一般号色版要以不同手法号两三张,再通过对比确定最佳的一幅作为号色版的底样,

年画世家 第六章 家传的手艺

再依次号色（这次号色也叫分色），分别号出几种不同颜色几块版的样子。号色时必须注意以下几点，在力求忠实于原色的基础上，做到主色调（即黄红绿）满版有色，以便于套色印刷。紫色、金黄色、二墨、蓝等一般只有一部分为好，一般很少用满版，只作为点缀。这样再以颜色分出主次和层次。号好色版样后，把它贴版，也叫"上样子"。民间年画套色版的贴版，对所涂糨糊的轻重、均匀要求很高，涂好糨糊，将已抹好定位线的号色版样很准确地对位贴在版上，然后用手从中间以米字形向外四周轻轻拍平贴实，千万不可用手按住画号色样前、后、左、右推排，否则画的色样沾湿后会变大，造成套色版大于墨线版，刻出后线版跟套色版套不上，如造成重大错版就会前功尽弃。一般贴版前，在定位时对于木板上的节疤或不光滑的地方要尽可能调整到色版的大空处，刻版去除时，不影响画面套色。色版的刻法如同刻墨线版，只是要少伤线（即刻小了），以免套色露白。刻的坡度可适当放大，不宜直刻。（图13）

> 图13 刻好的色版之一

3. 印画

印刷年画要有印刷床子(桌子)、夹纸的夹子，印刷床子约长4尺、宽2尺，中间有一大夹子，用来固定画纸，床面子约2尺见方，上面放置画版和印画工具像刷子、推子、颜色盆等，床子上的大夹子和床面中间留有

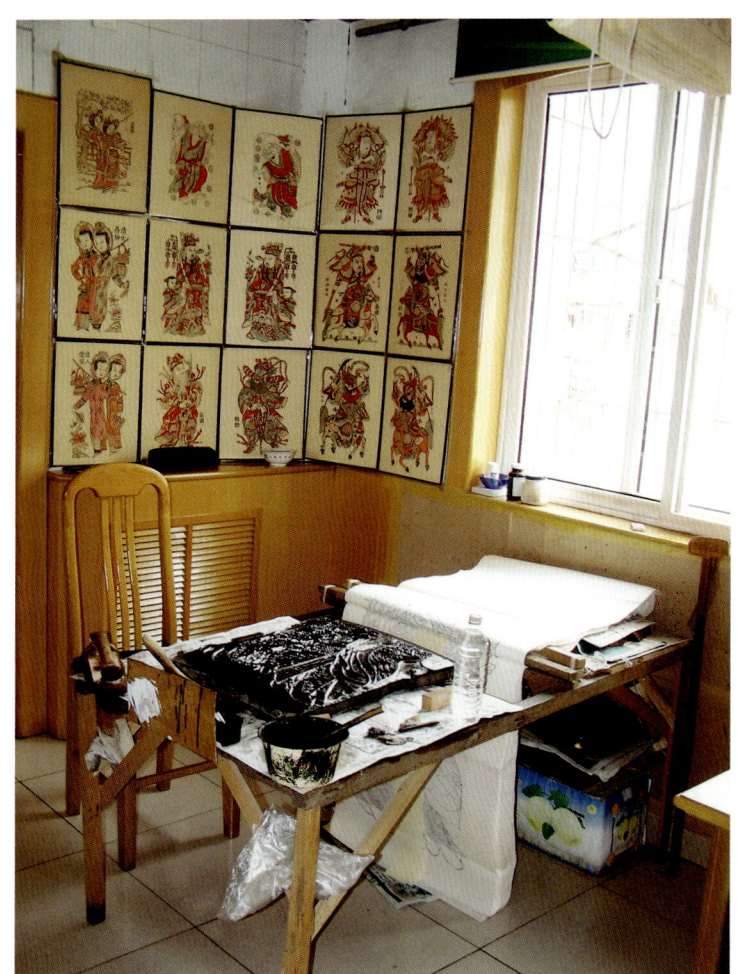

> 图14 印制年画的地方 2007年10月摄于宝鸡邰立平家

约5寸宽的空隙，印好的年画可从这中间放下来，挂在下面。（图14）小木夹子要有几个，夹纸用。一般一个夹子可夹纸100张左右，将小夹夹入大夹中用绳子拴牢后，把木版放置在床面上，用棉纸条沾水垫在

▶ 图15 印制年画工具之一——刷子

▶ 图16 印制年画工具之———推子

版下，再用手拉纸摸版，置于适当位置压实，将版定好，便可开始刷版印画了。（图15~图19）印刷的顺序一般是先墨线，再从黄或金黄色、紫色（或蓝色）、桃红（即水红）、大红、绿、蓝、二墨这样依次套印，之后也可套银套金。一般每一次印完一色后，可把画阴晾，到八成干时，取下压平再印第二色，这样印的年画由于每次压平去印，可套色正确并能保持画面干净。有的版子印到最后由于吃水的问题，就会出现错位，错位太厉害了，就得考虑重新刻，这种情况也是经常出现的。以《吉祥如意》这对文官门神画为例，

▶ 图17 颜色盆

▶ 图18 刷墨线版

▶ 图19 印墨线

年画世家　第六章　家传的手艺

套色印刷的效果就一目了然了。（图20～图23）

（1）传统颜色的使用

印画涉及颜色的使用，传统的老年画颜色都显得很古朴、很协调，因为过去基本都使用自制的植物和矿物色，天然的东西看上去另有一番味道，和我们使用现代颜料的效果是不一样的。过去颜料的制作我知道一些，我还使用过这样的颜色，我回忆一下：

▶ 图20 墨线版印出的墨稿　　▶ 图21 套印黄色后的画样　　▶ 图22 套印蓝色后的画样

先说墨色吧。过去用的墨都是从锅底上铲下来的，用那种圆头的木棒把它研成粉末，有时候要研整晚的时间，然后兑水去熬制，这种墨叫苏墨，也叫锅烟子。我过去和我父亲就一起做过这样的墨，这种墨很好用，我觉得比现在的墨汁要好用很多。

套色印刷的颜色，过去基本上都是植物色，比如明清时期全用的是土法制的植物颜色，有一部分矿物颜色，过去炮制的其他颜色我没有用过，我只用过藤黄，是1997年前后，我用从药店买回来的槐子黄，槐

>> 图23 套印红色后的画样

黄就是用国槐，自己熬，过滤以后是暗黄色，它的制法是把土干槐米5斤，放在铜锅中加入8斤水，文火煮沸后两小时内，把水色液滤出，再煮一次，水少些后将两次色液和在一起搅匀加点儿碱、胶、矾化开后待用。这种颜色在专业人士看来可能很好，但老百姓不喜欢，他们感觉不艳丽。以前凤翔年画用的植物颜料大多是专门有人熬的，后来没人做这种植物颜色了。我们也用过矿物质颜料，再后来就是德国进口的化学颜料在中国很盛行，我们也开始用这种颜料，德国进口颜料用上去很方便，颜色也很艳丽，所以在用色方面我们也是有过几次变化的。"文革"当中我父亲做的"门芯子"都是用广告颜料，他当时觉得广告色很好用，由于当时的纸不太好，广告颜料的遮盖作用比较好，所以就用广告颜料。

紫色过去曾用龙胆紫，现在一直用品紫（品色中的紫色），桃红也叫水红，现在用品红，也属于化学颜料。大红过去一般用广丹，用前将丹粉调成糊状，再加水磨研细，再加胶水调制，大红也曾用朱砂研细加胶调制，但因价格昂贵，一般不常用。洋红是进口色，清末以后基本用的洋红。1912年后一直用酸性大红至今。绿色以前用铜绿，后用石蓝、孔雀蓝加黄调制的石色绿，加胶调制成，后来用洋绿（也称品绿、金沙绿）至今，这种绿色容易褪色。以上这些颜料用沸水冲化后，加桃胶水和少许明矾搅匀便可印用了，只有酸性大红用开水冲化后即加食醋和桃胶水，色泽更艳。颜色冲制好后，需要用一小白纸条做试纸，蘸上颜色对着光看上去便可知颜色的深和浅。

（2）染色

年画早在明代初年只印墨线，颜色全用手填。西凤世兴局的"大画身"[3]年画就是这一类。后来到了明代中期，发展到套色年画，但局部像脸、手仍用手工染色。染色一般分三个阶段：上相粉（打粉底）、开红光和描眉画眼、染手等。一些戏剧画还要刷天景地景。世兴画局年画中的"金三裁"年画就是在套完色的基础上再套银、套金、染手、刷天景地景的，套金、套银和填染后的木版年画金碧辉煌，让民间年画显得更生动更富丽堂皇。这种年画我家曾经藏有180幅，全出自我祖父邰世勤之手，可惜已毁于破"四旧"运动和"文革"中。

（3）用纸

过去在凤翔有个纸坊村，也造过手工纸，新中国成立前我们用的就是那里造的纸。后来四川的纸过来了，这种连史纸很白很细，好像是用竹子浆做的，价钱也便宜，所以后来我们一直在用。从1980年到1990年，整整十年，每年我都要去几次岐山县的蔡家坡镇，有时候一年要去6～10次，去买纸，当时的纸很紧缺，主要是白光纸。那时候什么都是凭票买，我们当时整个村子一年只有一张票，只能买一刀纸。我每次都设法一次多买些，然后用自行车自己带回来，遇到大坡就得下来推着自行车走，汗水就像打吊针一样往下滴，蔡家坡离我们家有70里远。现在我们已经不从那里买纸了，那边的都是白光纸，从1990年以后我就开始用宣纸了，就不去那里买了。

第二节　凤翔特有的年画题材和内容

我把凤翔年画一共分了八大类，有门神门画、历史故事、神话传说、风俗画、吉祥画、戏剧、美人、神马画[4]。窗花还没有算进去。除了这些，我们这里还有本地特色的分类像谷雨画（也叫谷雨单）、（家宅）六神画、其他的还有一些灯笼画、冥币，也都是木版刻印的。我就按照类，分别说一下这些年画的来由和内容，特别是我们凤翔独有题材的一些作品：

（1）门神门画类的年画

我们这里最有代表性的就是整身的八大门神和钟馗、天官、判（伴）子、吉祥门画这些。八大门神年画都与古代的传说有着密切的关系：唐代历史人物秦琼和敬德（分执铜执鞭的站人和抱铜抱鞭的文式上朝）、加官进禄的原型魏征、《封神榜》中的清福神百鉴——天官。二开的除上述大幅内容外，还有骑马的武式秦琼、敬德，坐虎秦琼、敬德，盖苏文等，除了这些内容外，还有《刘海戏金蟾》这类的吉祥门画。

方弼方相是凤翔独有的门神，也是最早的一对大门神，方弼满腮饱髯，方相面如敷粉，二人皆手拿铜锤。它的起源可以追溯到商代的传说。据传，方弼、方相是兄弟二人，是商代殷纣王朝时的两位镇殿将军，二人身高三丈，力大无比，武艺超群，性情耿直。商代纣王时期，由于有三妖大闹朝歌，朝纲大乱，宫廷派当朝文武官员轮流守把宫门，但其中唯有方氏兄弟二人看守有应，后将方氏二人画像贴在门上。随后，从文武大臣到民间百姓就都仿方氏二人画像贴在门上，从此有了贴门神之俗。（图24、25）

还有一个说法，就是纣王宠妲己为后，戕害正宫姜后，还要残杀长子殷蛟、次子殷洪。一天，两殿下被绑在殿角，即将被行刑斩首，文武百官奏本未准，文武大臣无策，方弼、方相见此情景，大为气愤，二人手持画戟，大踏步跑下金殿，将殷蛟、殷洪的绳子解下，把他们背在背上，反击宫廷。当时文武大臣均袖手旁观，其他兵士也无人敢挡。等监刑官奏明纣王后已来不及了。后纣王降旨差武成王黄飞虎追赶，将方弼、方相、殷蛟、殷洪四人赶上，又放走了。方弼、方相将殷蛟、殷洪送走后，不敢回朝，后来就流落江湖，在黄河渡口摆渡。后来投在姜尚麾下为将，同伐纣王。到了破十绝阵时，方弼、方相二人均亡于此阵。到了姜子牙斩将封神时，将方弼封为显道神，将方相封为开路神。后世为了纪念正直神勇的方弼、方相，就把他们二人的像彩绘在宫门上，一直流传到现在。

在世兴画局传下来的古版中，方弼、方相二人的装束形象都接近这个形象。只是手持的兵器，不是画戟，而是铜锤。但改兵器的意思，还待研考。

至于秦琼敬德是流行全国的门神，到处可以看到，故事大家都比较熟悉，我就不多说了。（图26、27）

值得一提的是广为流传的钟馗和判子：

年画世家 **第六章 家传的手艺**

▽ 图 24 方相 110公分×60公分

168

▽ 图25 方弼 110公分 × 60公分

年画世家 第六章 家传的手艺

> 图 26 站人秦琼
> 110 公分 × 60 公分

>> 图 27 站人敬德
110 公分 × 60 公分

相传唐代，唐明皇偶做一噩梦，梦见一小鬼，偷去了他的爱妃——杨贵妃的香囊，等他呼喊时，小鬼绕殿而跑。唐明皇惊恐大喊，一声未落，忽而闪出了一个大鬼，一手抓住小鬼，一口将小鬼吃了。唐明皇问大鬼是谁，大鬼回答他名叫钟馗，因上殿应考，主考不顾各举子的文采武略，专以貌取人。钟馗因自己貌丑未得高中而落选，自尽而死。阴魂飘荡京城，专吃害人魂，为民除害。唐明皇苏醒后，原是一场噩梦，但梦中之事和对话，全记在心中，降旨天下，修祀塑像，祭祀钟馗。从此以后，在民间便出现了许多有关钟馗的传说故事和各种姿态、画面的钟馗画页：诸如钟馗捉鬼、斩鬼、吃鬼，鬼避钟馗，鬼捧酒菜敬奉钟馗等。千年以来，钟馗的故事，一直在民间传说。所以人们在每年春节前夕，总要购一张或画一幅钟馗像，挂在家中或卧室内，意味着合家在新的一年内平安幸福，万事如意昌盛。

判子这类题材也是凤翔年画里独特的，其他地方的年画还没有这类题材。（图28～图31）根据民间传说，阴曹地府中十殿阎王跟前的一个判官，主掌生死簿，记载阴间、阳间善恶的一个官。有的传说，这位判官也叫造官或者曹官。造官从字面来说是造人的官。造官根据他主掌的生死簿上记载每个人或鬼的善恶，注定人的寿命长短、祸福，注定鬼的刑法。对善人、做了好事的人赐予富贵高官和长寿，对坏人或做了坏事的人赐予天灾祸事、不幸遭遇和短命或惨死等。

▶ 图28 双人门判一
45公分×35公分

> 图 29 双人门判二
> 45 公分 × 35 公分

> 图 30 骑马门判一
> 45 公分 × 35 公分

> 图31 骑马门判二
45 公分 × 35 公分

年画世家 第六章 家传的手艺

钟馗贴家中执剑
斩妖精镇宅能
除邪合家
享太平

▷ 图32 钟馗打鬼
45公分×35公分

因为造官（曹官）有如此大的权力，所以根据情况，人们每家都挂判子，把生者死者的福祸全部寄托给这位造官了。人们贴挂判子的风气一直传下来和扩大了。传说人把造官叫神判，因这位神判能镇宅驱邪，能保佑后代子孙长命，人们往往把神判贴在房内卧室墙壁上，来陪伴子孙，也叫伴子。

农民在每年春节前夕或春节后、谷雨前后，都要购一幅判子贴挂家中。这种习俗流传在陕西、甘肃和四川等部分地区。判子和钟馗因为形象相似，传说的作用相似，人们大都把钟馗当判子。但据传说钟馗确有其事，但判子尚无来历。

我父亲1981年绘制了钟馗像，广受好评，还引起了一阵抢购风潮。（图32）

天官的造型在我们凤翔一种说法是魏征，也有人说是寇准，但这属于两个年代了，人们分不清了，所以现在就统称为天官了。《刘海撒金钱》《刘海戏金蟾》都是对画，过去做生意的人一般都买这样一对回去贴在店门上，图的是发财。（图33、34）

还有就是50年代我父亲新创作的一些"门芯子"年画，那是特殊时期的产物，也算是一种特殊的门画吧。

➢ 图33 清朝中期 刘海戏金蟾 45公分×35公分   ➢ 图34 清朝中期 刘海撒金钱 45公分×35公分

年画世家　第六章 家传的手艺

图35 回荆州　单幅 45公分×35公分

（2）历史故事、神话传说、戏剧故事

凤翔年画的历史故事、神话传说、戏剧故事内容也和其他产地没有大的差别，戏剧画中，像《三国演义》，我们这里也有十多幅，不过现在就能见到这对《回荆州》了。当时那些《空城计》《战徐州》都有，老版我以前都见过，但画我没见过。《双锤传》讲的是宇文成都大战裴元庆的场面，花脸是宇文成都，黄脸的是裴元庆。我印象还挺深的。《阵前救帅》是《蝴蝶杯》的后本。《仁义寨大交兵》算是比较好的代表作，这幅刻工也比较好。我记得当时我爷爷说，这块版是我们家传下来的，比我爷爷那会还早。这个版不能失遗（陕西话，不能丢的意思）。但后来这个版还是被抄走了。（图35～图37）

小说题材中，我家的《西游记》原有37幅，但我自己手上的不全，这幅《三藏收徒》是我进研究会后创作的第一幅年画，我到现在对这幅画还是不太满意。这是1978年五六月份做的。《西游记》这套画留在我们省群艺馆的那些，上面都有我们家的字号。我们新创作的一些历史题材的年画像《单刀赴会》等都

≫ 图36 阵前救帅 35公分×45公分

≫ 图37 仁义寨大交兵 35公分×45公分

是我父亲后来画的。张飞、芝麻官、那吒闹海都是我1979年、1980年画的。这张《李自成》也是我父亲当时画的，他在颜色运用方面确实做得很好，但有一点就是我说过的，画的人物面部都不是太美，我后来在这方面做了好多尝试。当时更多的借鉴了小人书、连环画中的人物造型。后来我才感觉到传统技法的重要，也学习了十八描法，做了大量的练习，之后我才能揣摩出来年画中起笔、运笔的韵味。传统的东西的确是成熟的艺术，有韵味在里头，所以说相对而言，现在人们还是喜欢早期那种有些历史感的年画。

（3）美人画

美人画是我们这里比较有特色的一个系列画，我们有个

≫ 图38 十美图之鱼乐图一 45公分×35公分

▷ 图39 十美图之鱼乐图二
45公分 × 35公分

年画世家 第六章 家传的手艺

> 图40 十美图之倩女寻梅
> 45公分 × 35公分

著名的"十美图",它的特色在于,这十幅画通过描绘美女和童子,把一个女人一生的希望,按照时间的顺序表现了出来。当然这十幅画不是一个时代完成的,是逐渐完善起来的,是后来慢慢补成《十美图》的。按时间顺序看就是:第一幅是《鱼乐图》,接下来是《倩女寻梅》、《佳人爱菊》,然后是《天仙》、《送子》、《蟾宫折桂》、《官带流传》、《端桃献寿》、《三元报喜》。从当姑娘到后来的成婚生子,再到三元报喜,人生就很完美了。《倩女寻梅》、《佳人爱菊》是清代的风格,《鱼乐图》、《天仙》、《送子》、《蟾宫折桂》、《官带流传》、《端桃献寿》、《三元报喜》等古老一些,有明代的风格。(图38～图40)

(4)谷雨画

我们这里的人也把它叫做"谷雨贴",主要题材有:《春牛图》(其意春天到了,要开始作活劳动)、《二十四节气》、《招财进宝图》(主要显示公平交易,合理买卖,发财致富等)、《男十忙图》(主要对农活整个的写实)、《女十忙图》(显示妇女地纺织工序的整套写照)、十二生辰的相合相克、镇宅双鸡、镇宅单鸡、镇宅的降五毒(蜈蚣、蝎子、蚰蜒、簸箕虫、旱蛤蟆)、张天师、降五毒的单鸡、双鸡,还有骑狮、弹琴降毒的儿童图等。(图41～图43)

(5)六神画

"六神"年画,是保护家宅平安的各种神,和人的生活关系非常密切,是用在房间、院子各处的神像,主要题材有土地神(分灯笼土神、龙斗虎土神)、龙王神(也叫井王神)、仓神、天爷、牛马王、灶神。双灶神分四口灶、八口灶、单印架、双印架、灯笼灶、花瓶灶,还有单灶神,分平顶冠(即带九龙珠冠的)、四季花单灶、大红袍单灶,统称单灶神。另外还有历灶(带年历的那种)、九天云柱灶、宁夏灶等,这些灶神中,大部还分左、右手,一般灶神的足下各有鸡、狗一只,按习俗一般狗向出咬[1],鸡面向进,才是地方传统习俗,否则皆为不吉利。这些神类,人们买去,贴在院内的土地堂、井房内、仓库、房檐、灶房内、畜生圈内,去烧香、吊表、磕头礼拜,祈祷与祝平安,字符,降灾,降幅。祈望家庭昌盛、四季平安。还有保婴儿的祈子、送子娘娘,升官的加官禄神、财神长命的寿星、药王,镇宅的钟馗、神伴、张天师等。(图44)

(6)小窗花

过去在西北五省家家户户在36格上贴的窗花大多是木版印的小窗花,剪纸基本上少见。一般是36格的窗格中有20格都贴窗花。我父亲从1958年就开始做窗花了。他画过一些戏剧故事的,基本上都是清中期传下来的样子。我目前能收集到的这37幅,大概有20幅都是从文化馆印来的。《忠孝贤图》是根据木兰从军、岳母刺字等二十四孝故事创作的。《天河配》稍微早一些,《富贵花开》、《麒麟送子》、《四子得福》、《居家安乐》(四朵菊花,取谐音),这还是忠兴局的,是我1982年左右从我们家族的另外一家那里买来的,花了三百块钱,当时感觉非常贵。《香山全图》是我父亲压箱底的画,所绘为上山进香还愿的场景,这是我父亲从"文革"当中保留下来的老样子,所以非常珍贵。这种窗花画有的两格是一幅内容,有的四格是

年画世家 第六章 家传的手艺

图41 男十忙之一 45公分×35公分

184

▽ 图42 男十忙之二 45公分×35公分

年画世家　第六章 家传的手艺

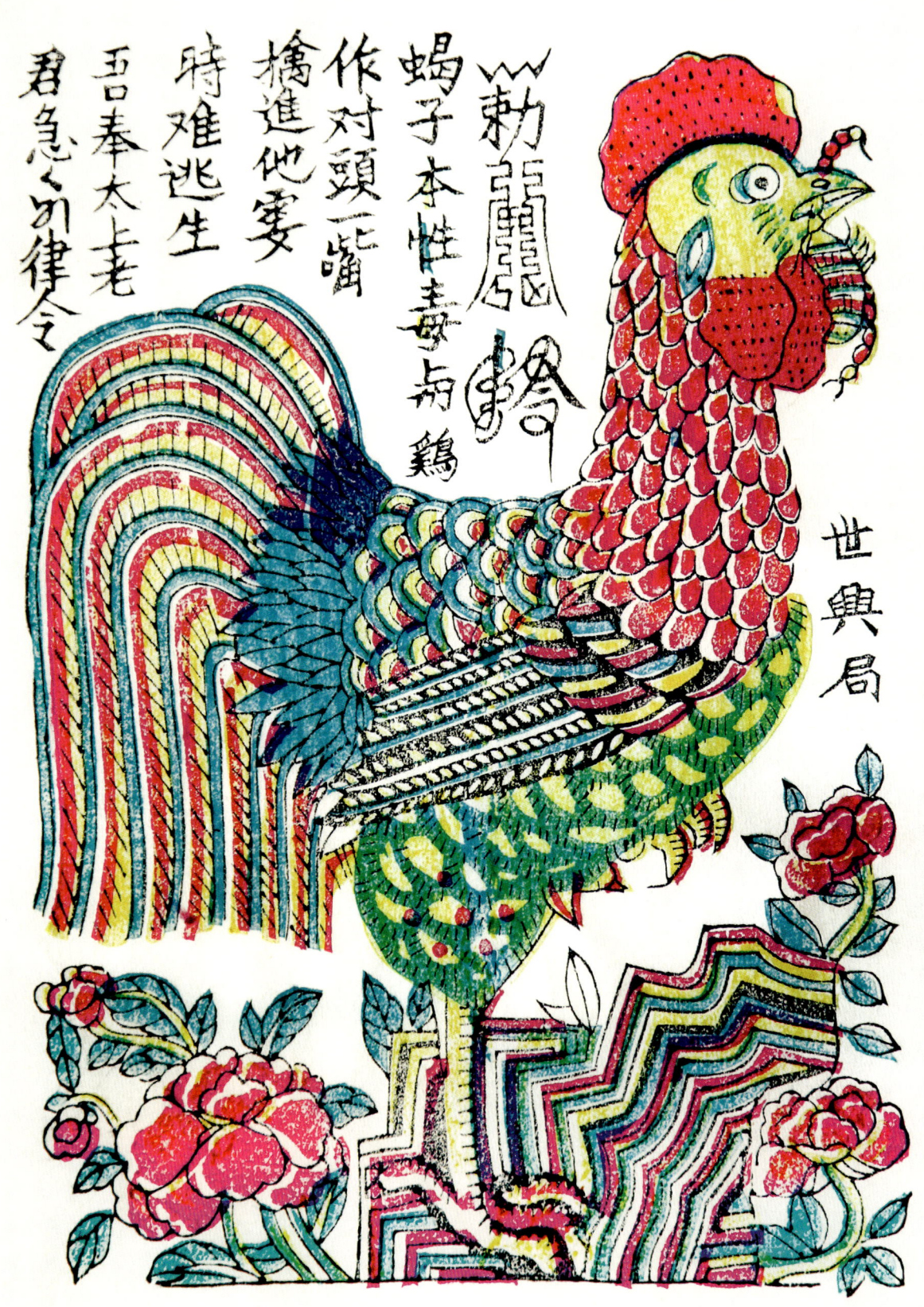

▷ 图43 谷雨画 镇宅 鸡 45公分×35公分

一幅画面。《三娘教子》也是一套,和《香山全图》《春夏秋冬》一起都是我父亲当时保留下来的老样子,都是明代原版画传下来的。《耕读渔樵》《霸王出世》《大舜耕田》《齐射游国》也是老样子。(图45~图49)

> 图44 财神进家 35公分×45公分

> 图45 窗花画 麒麟送子 单幅 12公分×12公分

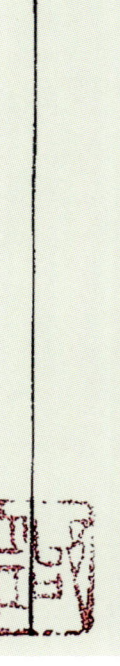

> 图46 窗花 香山全图之一 单幅 12公分×12公分

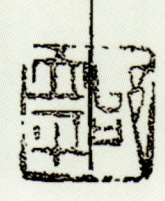

> 图47 窗花 香山全图之二 单幅 12公分×12公分

▶ 图48 窗花 渔樵耕读之一 单幅 12公分×12公分

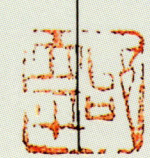

▶ 图49 窗花 渔樵耕读之二 单幅 12公分×12公分

（7）其他

画谱，也叫图谱，是我们这里比较特殊的一种木版画，过去的画谱包括一些庙宇壁画、社火脸谱、箱柜画、铠甲图等都有画谱。比如《官衣图》，也就是龙袍的各部位图片。过去画人物，像天官穿的衣服，还有加官进禄一类的朝服，先要懂得龙袍的结构，先学会画这些，再能画整件衣服。这个《铠甲图》是用来做画谱的。（图50）

≫ 图50 官衣图（墨）45公分×35公分

第三节　凤翔年画的应用习俗

我们这里的年画张贴是有很多讲究的，什么题材贴在哪都有相应的习俗。

大年画像《雄鹰镇宅》、《锦上添花》是过去那些大户人家贴在自家客厅里面的中堂画，只有那些大户人家才贴得起，这两张是一对中堂画，叫"对中堂"，是刻在一块版的正反面上。这两幅画也可以看出人的性格，《雄鹰镇宅》威猛粗犷一些，《锦上添花》则华丽细腻一点，两者反差比较大，对比强烈，创作的寓意就是这个。这种大画身一般都是手工填色，还没有套色版。

凤翔年画的八张大门神以前都是贴在城门上的，方弼方相贴在东门，上朝秦琼敬德贴在南门，执铜执鞭秦琼敬德贴在西门，《加官晋爵》、《加官晋禄》贴在北门上。过去一般家庭在大门上都贴三开的年画。大门上都贴武门神，门内贴文门神，在凤翔文门神只有《风调雨顺》、《国泰民安》这一对，这种都是一些文人家里贴。现在我们这里的门楼都是以前的二门，原来在前面还有个大门，大门反倒没有二门大，修得也没有二门好。大门只有一扇，只贴一张，二门是一对门神的。我们这里的门基本上都是这样的。门神的脸的朝向与门的张合方向是一样的。大门上和二门上贴的门神是不重复的，如果大门上贴骑马的，二门上就贴坐虎的，只要不重复就行了，我爷爷给我说，过去我们的县衙门上就贴《风调雨顺》、《国泰民安》一对文门神，是官家贴的。小门神一般都是贴在家里的二门和房门上。（图51～图54）

▷ 图51 坐虎敬德 70公分×45公分

▷ 图52 坐虎秦琼 70公分×45公分

年画世家　第六章 家传的手艺

> 图 53　国泰民安
> 70 公分 × 45 公分

> 图 54 风调雨顺
70 公分 × 45 公分

年画世家 第六章 家传的手艺

凤翔当地的习俗是过年的时候贴财神，大年三十把财神贴上去，和门神一起贴。《状元进宝》、《天官赐福》、《吉祥如意》都是贴在房门上。博古花瓶一般是贴在房间墙壁上的，是一套，我们叫"四季花瓶"。（图55、56）童子画一般也都贴在房间的墙壁上，一般都是有小孩的家庭贴这类的画。过去像《西游记》、《白蛇传》、《封神演义》这些年画都是贴在炕周围的，围一圈十张，当炕围子贴，贴在这里也是为了给小孩讲神话故事听的。以前它的功能基本上之一是当小孩子的连环画，像教科书一样。那时候没有电视、电影什么的，小孩子就是听着大人们讲戏剧故事长大的，我从小就是看着《三国演义》、《白蛇传》的年画才知道这些故事的。

"十美图"的贴法就比较复杂，一般是贴在窗扇子上的，我们这里的窗扇子也

≫ 图55 四季花瓶之一
45公分×35公分

> 图56 四季花瓶之二
> 45公分 × 35公分

≫ 图 57 十美图之天仙一 45 公分 × 35 公分

≫ 图58 十美图之天仙二 45公分 × 35公分

是一对的，关起来一般要把窗户遮堵上的。《鱼乐图》一般贴在窗扇上和闺房中，上绘着两个年轻的时髦女子担着鱼篓去打鱼的场景，"鱼"谐音是"余"，表达对生活富足的一种向往，还有就是鱼多籽，也是家族繁衍、子孙昌盛的象征。这个在很多民间美术形式里都有涉及，比如剪纸什么的。《倩女寻梅》、《佳人爱菊》，这两幅图也是贴于女孩房间或窗扇上的。其中的"梅"谐音"媒"，即做媒，"菊"谐音"举"，即是举子、举人。寻梅、爱菊恰恰是封建社会民间女子以含蓄的手法表达爱情的方式，也暗含民间"男才女貌"的传统婚姻观念，这两幅画在我们当地是最流行的美人画，一般买不起一套的人都会首选这一对。《天仙》、《送子》买的人也比较多，大多是有求子的心理，中国有句谚语叫"不孝有三、无后为大"，所以一般年轻夫妇都会买这对回去贴，贴在新婚夫妇的房间或窗扇上。《蟾宫折桂》、《官带流传》是用月宫、蟾蜍、桂枝等民间吉祥物寓意取得功名，"桂"谐音为"贵"，《官带流传》就是希望能把做官延续下去，世世代代都能做官，现在很多人买这类吉祥画都是因为家里有上学的小孩，希望他们能顺利考上大学，一般贴于房间或窗扇上。《端桃献寿》、《三元报喜》，民间"连中三元"寓指大喜接连不断、相继而来。画上也有桂圆、寿桃等吉祥水果，"圆"与"元"同音，和"喜"字连在一起，寓意三元报喜。端仙桃献寿，都是希望家里的老人能健康长寿，这一对贴于老人房间或窗扇上。（图57、58）

我们凤翔年画中"谷雨画"比较多，像《张天师降五毒》、《春牛图》、《胖娃弹三弦》、《二十四节气图》、《单鸡》、《双鸡》，一般都是立春以后到谷雨这一段时间贴的，贴在墙上和"窑窝"里，或者墙角都可以。在我们这里，钟馗一般都是贴在门后面的[6]，我们这里的门一般都是向里推着开的。据说钟馗是藏在门后面捉鬼的，鬼进门以后看不见门后的钟馗才被抓住的。商铺贴年画是贴在门扇[5]上，一般都贴《刘海撒金钱》、《天官赐福》等年画。

六神年画就更是年画里面最讲究贴用场合的。我们这里厨房的灶台上方有专门的一个神龛，里面贴有"灶王爷"。（图59）凤翔年画中的灶王爷有很多种，包括灯笼灶、四季花瓶灶、九天云柱灶、司命主等多种类型。灯笼灶和四季花瓶灶中都只有灶王爷一人，司命主中是灶王爷和灶王奶奶两人。另外一种形制的灶王爷为"九天云柱"，是宁夏一带老百姓供奉的对象。灶王爷是被各家供奉的一家之主，他在民间掌管着家中的大小事宜，每年的腊月二十三，灶王爷都要上天去向玉皇大帝禀告这一家人一年中的各种善恶行为，在这一天把旧的灶王爷年画烧掉，把新的灶王爷贴上，我们这里为了让灶王爷高兴，上天能多说好话，一般都是给他做好吃的"灶

> 图59 灶王爷之位 30公分×20公分

干粮"[7]，每年的腊月二十三下午，我们村的妇女都在厨房忙活着做"灶干粮"。傍晚的时候各家都会把做好的"灶干粮"在厨房里献好，而且叮嘱小孩子一定不能偷吃，只有灶王爷吃过才可以吃。这些都在灶王爷的对联上有所体现："上天言好事"、"下凡降吉祥"，横批为"一家之主"。

每年新年伊始，我们南小里的人都要在院子上方的屋檐下贴上"天地神"，上书对联"天为人之父"、"地为人之母"，我们这里都把天地作为最大的父母，所以天地神并没有庙祠，而一定要供奉在家里。"天地神"年画上有天公地母及其侍从多人，中间供奉着写有"天地三界十方万灵真宰"的牌位，左右两边书有"四季平安"，民间老百姓始终相信人做的每件事都有天地老爷在看着，所以有的虔诚的家庭便会在盖房子的时候就在屋檐下做好一个神龛，过年的那几天会点上香烛等来祭拜天地。（图60）

老百姓在粮仓旁边贴的是上"仓神君"。上书的对联为"年年取不尽"、"月月用有余"，用来表达人们对人兴田丰的向往。在我们村子，基本上每家每户都有粮仓，一年的收成好坏几乎成了全家最为关心的事情，在古代社会人们对自然界无能为力的情况下，只有贴上能带来五谷丰登、年年有余的好收成的仓神君来完成我们庄稼人的心愿。（图61、62）

"牛马王"，上书"六畜兴旺"或"牲畜兴旺"，是马房里贴的。凤翔年画中的"牛马王"正中的二位神仙为一文官一武将。弼马瘟也是牛马王的一种，借用《西游记》中孙悟空被玉皇大帝封为避马瘟的故事而创作，共一对，贴在牲畜棚舍，意

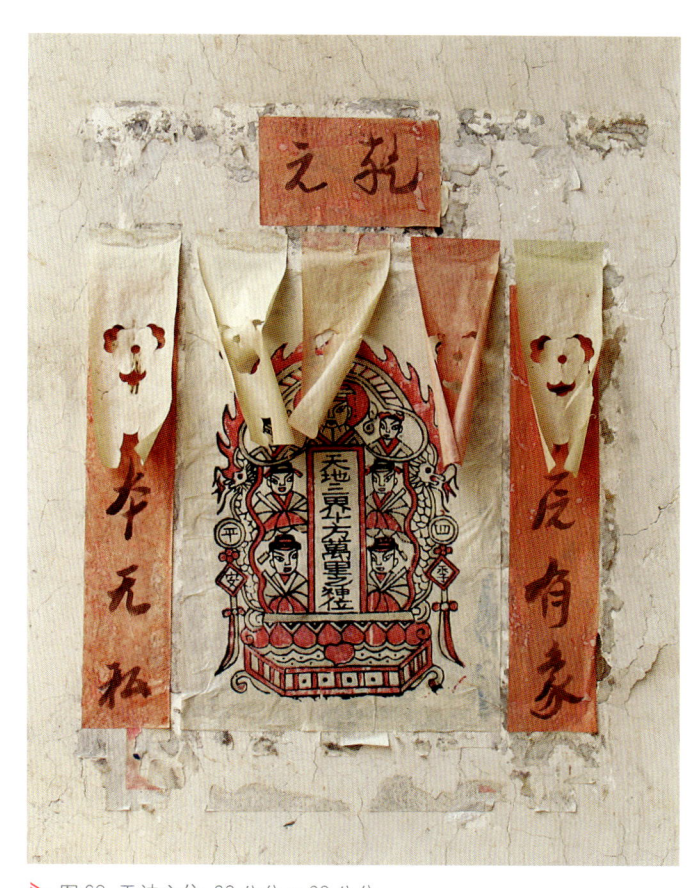

≫ 图60 天神之位 30公分×20公分

≫ 图61 仓神 30公分×20公分

年画世家 第六章 家传的手艺

> 图62 仓神 30公分×20公分

思是为了躲掉动物的瘟疫，使家里的六畜兴旺。

水井旁贴有"龙王爷"，对联为"福水养百口"、"一泉共万家"，横批为"水晶宫"。古时候在民间有敬河神、水神的风俗信仰，也有祈雨的种种仪式，并且认为龙王主管着雨和水，因此，拜龙王是人们祈求风调雨顺的一种手段。凤翔由于地处关中西部，一向还是比较缺水的，人们敬龙王爷不仅为了保佑家人有水吃，也希望能有足够的水来灌溉庄稼，人们用水都很节省。至今，我们村子虽然早已经用上了自来水，但节约用水的意识还是很强。

在关中地区，我们这里每家每户的大门外面做一个小小的土龛，现在也有用砖头垒的，以前是做的很精美的，龛楣上一般有砖雕，我们家以前的是我爷爷做的，在附近都很有名的。里面贴着"土地爷"，上面并有对联"土中生白玉"、"地内产黄金"，有的还写为"门外一老仙"、"四季保平安"。土地神是众神中最不起眼、地位也最低微的小神，但也是中国民间供奉最普遍的神仙。《西游记》里面的孙悟空经常有事没事就要把土地公叫出来。过去，几乎家家户户都供奉着土地爷。凤翔年画中的土地公是六神中最为慈祥的一位，长须齐胸，笑容满面，一看就是很好打交道的一位神仙。古代农业社会，人们对土地是极为敬重的，有土地就可以种庄稼，也就有了衣食，一方的土地公管理着一方的土地，人们有什么疑难都指望着土地公能为自己做主，土地公是和百姓最为贴近的神灵，在民间最受欢迎。这些六神现在在我们村甚至是整个宝鸡市的农村都很普遍，只可惜现在人们都贴上了胶印的年画，很少有人贴这个手工印的了。现在虽然盖了新房子，但贴这些年画的地方也是不会变的。（图63）

▶ 图63 土地神位 30公分×20公分

第四节 邰家年画的风格和特点

关于凤翔木版年画的艺术特色，中央美院薄松年教授在《凤翔年画选》的序言里曾经这样评价：凤翔木版年画"以古朴优美而风格独特的作品征服了许多海内外民间艺术爱好者，并在专家学者中引起了一定反响……""这本选集汇聚了一批具有鲜明地方特色的木版年画，有些还是濒临失传的稀有作品。武门神中诸如方弼、方相及老将军之类样式就为其他地区所少见，秦琼、尉迟敬德的装扮和脸谱与秦腔及社火中的角色极为相似，而且有镇殿、上朝、骑马、坐虎多种类型，形象塑造颇有独到之处"。

薄先生说的古朴优美、风格独特，我想还不是一般意义上的评价，因为凤翔所处的地理位置，决定了它一定会带上这个地域的文化特点的。黄土高原的文化特色在我们凤翔年画里十分明显，大门神方弼、方相（有的书籍注为神荼、郁垒）、秦琼、敬德是最有代表性的作品。单说方弼、方相的造型吧，他们吸取的是周代青铜器、汉唐画像石的那种饱满、对称、装饰性强的构图和布局。（图64、65）人物造型是以线立骨的，整体造型和线描结构非常考究，明显有唐代工笔线描人物画的特点。

凤翔早期木版年画一律是只刻印墨线，再手工染色，所以凤翔木版年画在线稿上也叫主版上下的功夫很大，不着色的线稿本身就是一个独立的线刻木版画。在线的造型特点上它是很重视外轮廓的，也注重团块的整体感觉。每对门神都显得威风凛凛的，人体比例似五短身材，手法夸张，头部大、腰部粗，面部突出、神形突现，主次分明，人物姿态昂首挺胸、跨步立正，双手紧握武器，气宇轩昂的，很威严、很认真，看上去忠诚、憨厚、威武雄伟，但又显得十分可爱。

凤翔年画还有一个有趣的地方，是很注意作品的呼应，比如《锦上添花》和《雄鹰镇宅》；那对方弼、方相，都有一种文武、粗细、动静的对比。方弼、方相两人形体几乎一模一样，形成对称装饰的效果。（图66）但这两个人物面部的形象特征是一文雅一狰狞、脸形一长一方、眼睛一眯一瞪，再加上胡须的不同形状，人物性格对比鲜明。

▶ 图64 唐代砖雕类似门神 凤翔县博物馆藏

▶ 图65 唐代砖雕类似门神 凤翔县博物馆藏

画中人物的形体动态也好、外形轮廓也好，都体现了唐代人物画的遗风，完全是以线来造型的。半侧的脸形和人体比例就和我们这里的唐代懿德太子墓石椁仕女门画极为相似，只是在线的组织上，仕女门画是以密托疏，而方弼、方相的主体人物是由密线构成，很有唐风韵味。形象上看，体现的是中国西北部人物画造型的质朴、浑厚、博大和壮美，那种气势是其他产地的年画所没有的，这和西北人的豪爽性格和文化上的厚重是分不开的。

更重要的是这种线条的设计很适合木版雕刻的制作特点。传统木版年画的制作主要是用手握雕刻，画稿的直线和长弧线便于用刀、用力，适宜于刻刀的发挥，而且有版画刀味的力度美。所以很多作品可能是有经验的木版雕刻艺人参与设计创作，线稿是专为木版雕刻而作的，所以雕版上没有模拟国画工笔白描起笔落笔痕迹。就刻版而论，在用刀和刻线上功力遒劲，线条也均匀，整个画面使用以线组成不同密块和面，与脸、手的空白形成节奏和对比，这样密集的线刻版画，就很适合传统的木版雕刻的印刷制作。

凤翔木版年画的色彩特点是鲜艳饱满、对比强烈，有视觉冲击力，这也是西北地区民众节庆气氛的一种需求。色彩多是大块对比，一种色在各处都有分布，但画面花而不乱，仍然是统一在一个调子里，脸手空白，也显得重点突出。套色一般多在5～7种，有大红、大绿、桃红、米黄、深绿等。辅助性的颜色有金黄（橘黄）、紫色（品浆）、蓝色（鲜蓝、深蓝）、淡墨（二墨）等色，个别画面因内容成为"清素"画，只用黑、白、淡墨加紫色、蓝色印制。世兴画局鼎盛时期，还曾对年画进行套银描金，这种被称为"金三裁"的年画，给人的视觉感受是富丽堂皇、精致典雅、超凡脱俗，可惜的是这类作品曾被英德等国博物馆收藏，但现在国内几乎见不到。

凤翔的年画套金套银时用的工具有"金斗"，先刷颜色，然后刷胶水，胶水是自己熬制的，最后把金银粉撒上去，等胶干了以后金粉就粘在画上面了。刷胶的时候有个胶版，把骨胶水一直放在木炭火上熬着，让它保持一定温度，把胶刷完以后把金银粉撒上去，然后拿个竹棍掸一掸纸的背面，使金银粉能粘得比较自然，再用擀面杖把它擀匀。当时的金粉就是那种小薄片，叫金晶石，银粉是银晶石做的，这些东西买回来的时候还是云母石，需要把它放在瓦片上烤热，烤热后石头就会变得松脆了，用瓦片把这些薄片研成粉末状，是细片就行，然后撒到画面就行。这些年我们就没有这样做过年画了。

▶ 图66 锦上添花　136公分×68公分
与《雄鹰镇宅》合用，贴于中堂

本章小结

  从根本上说,凤翔年画与其他地方的年画制作工艺大同小异。但凤翔年画独特的艺术风格的形成却有着独特的历史渊源。在年画的使用上,凤翔年画的独特习俗使得年画展现出了与众不同的风格。如八大门神的使用、在城门上的张贴习俗是其他地方不曾有的,这也是八大门神成为具有代表性的凤翔年画作品之原因。所以单纯的民间艺术作品的研究仅是一个视觉层面的东西,而要深入研究民间艺术,就必须深入它的习俗和社会生活,这是民间艺术不同于文人艺术和宫廷艺术或单一的艺术门类研究的地方。

注释

[1] 錾版：通俗地说就是立刀刻版，刻线时采用的一种刀法。
[2] 浸版：用食用油刷木版，多次反复后，能使木质变软，雕刻变得容易，表现细节更加细腻。
[3] 大画身：指整张画，最大可达136公分长。
[4] 神马画：指各类神像画，也叫纸马。
[5] 民间贴灶王时，带有鸡和狗的画面则有特别的贴法，即"狗咬炕，十年旺"。说的是狗咬对着炕的方向才正确。
[6] 钟馗像是贴在门后的墙上或门扇上，而不是直接贴在后门。
[7] 灶干粮：即祭司灶王爷时供奉的瓜糖（抹灶王的嘴巴）、草豆（给灶王的坐骑）等，是腊月小年的供品。

第七章

凤翔年画今后的路

本章综述

由邰立平的成长之路，我们可以看出一个普通的民间艺人是如何经过不断进取、不断进步、提高自身的素质和学养而成为一代工艺美术大师的。首先是一种自觉的意识，是对文化血脉传承的高度自觉。其次是承担起培养传人、传播文化的责任。邰立平做到了，他认为自己真正赶上了好时候，赶上了好政策。在他朴素的情感背后，是一个大师和传承人对自己社会角色的再认识，而这种认识，是他以前在南小里拼命刻版子的时候所没有的。他对今后的路的思考，对第三卷《年画选》出版的焦虑，都变成了一种自觉的行为，变成了他思维和工作的一部分，他真的站在了大师的高度来思考保护的问题了。

第一节　我和爱人的民艺世界

我是1977年结婚的，我爱人王惠芳嫁到我们家后，就开始跟着我们做年画。父亲去世后，复制这些东西，只剩我一个人能做了，得赶时间。于是，我就白天刻版，晚上贴版，我爱人就印年画，这么干了大约六七年。当时最多一天可以连续干21个小时。除了复制画版，我和妻子两个人还要干9亩地的农活，否则在当时单靠年画，糊口都难。当时人家都出去玩啊、娱乐啊，我们没有这个时间，每天基本上连吃饭时间都是挤出来的，更别提睡觉了，我们邻居一直说，怎么每夜了还听见你们那边在砸版，敲得咣咣响。我自己心里知道这不做不行。就这样到了1986年，除印刷和销售年画外，我已经复制世兴画局古版样170余套，这几乎是三年干了两代人的工作。（图1）

> 图1　夫妇二人交流年画制作技艺

胶印年画兴起后，木版年画迅速衰落了。陕西曾有汉中、蒲城和凤翔三个地方生产年画，后来汉中、蒲城的年画都彻底消失了，只有我还在苦苦支撑。从我父亲活着的时候我们就开始做凤翔木版年画的抢救工作，不断恢复品种，提高画面精度，到了我这一代，我继续着这种孤独的拯救工作。后来，我们不但要自己恢复年画、自己制作年画，还得自己宣传，每年在家待的时间很少，几乎都是在外面跑，办展览，搞宣传，村子里的人都说羡慕我们全国各地跑，但我们跑多了却想在家好好待着。可话说回来，要不是我们这么拼命地出去做宣传、办展览，凤翔年画也就不会有今天的广为人知的结果了。如今，在我们这种家庭作坊式的凤怡年画社里，只有我和爱人守着这个中国规模最小的年画创作社，继续做着对凤翔木版年画的保护和传承工作。所以要论传承谱系，她应该算一个，也是邰氏年画传人里唯一的女性。她经过这20多年的磨炼，印年画的确是个能手。她还是个巧手，绣花、剪纸都做得很不错，曾经参加过1995年世界妇女大会中国组委会非政府组织论坛委员会"中国传统工艺技术女能手操作表演"活动，专门印年画。

我们俩从90年代开始，利用闲暇时间，在我们凤翔当地开始收一些民间工艺品，当时我和爱人骑着摩托车，上山下沟，几乎跑遍了凤翔的村村落落。收了大量精美的刺绣枕头、泥塑、皮影等民间工艺品。我就是喜欢咱们的民间工艺品，现在我家的柜子里面还有很多我收过来的东西。现在要到农村去，根本就看不见这些东西了。后来我还发现在我们凤翔的彪角镇有很多妇女还在做刺绣，我就主动给她们设计一些花样子，让她们来做，有时候出去办展览，我也带一些出去帮忙卖，90年代的时候这些东西还卖得挺好的，可最近几年刺绣这方面的销售也不是很好了。（图2～图4）

王惠芳：女，1958年8月生，1977年起随邰立平从事木版年画事业，曾协助邰立平撑起了凤翔木版年画的半边天，帮助刻版300余种套，掌握了从刻版、号色到印刷年画的全部技能，邰立平刻制的所有木版年画的印刷工作，均由她完成。1992年、1997年她分别参与完成了《凤翔木版年画选》一、二卷的印刷、分拣、托裱和装订工作，把凤翔年画的印刷提高到新的水平，得到了国内外专家的称赞。20多年来，她曾随邰立平赴中央工艺美院、深圳博物馆、广东美术院、广州美院、西安美院等地举办凤翔年画展并进行现场演示，曾获"南京民俗吉祥艺术节"银奖、上海"民博会"突出贡献奖，获宝鸡市两届"三八红旗手"称号。1995年赴京参加第四次世界妇女大会，并代表宝鸡市参加"全国百名女能手"表演活动，业绩被载入《中华巾帼》大型刊物。几十年来她印刷的木版年画作品，被国外40余家刊物刊出，被100多个机构收藏，被19家新闻媒体报道。为凤翔木版年画培养了三批印刷能手。目前正忙于《凤翔木版年画选》第三卷的筹备工作。现为中国工艺美术学会民间艺术委员会会员、陕西农民画协会理事、宝鸡市工艺美术大师。

年画世家 第七章 凤翔年画今后的路

手绣鞋垫

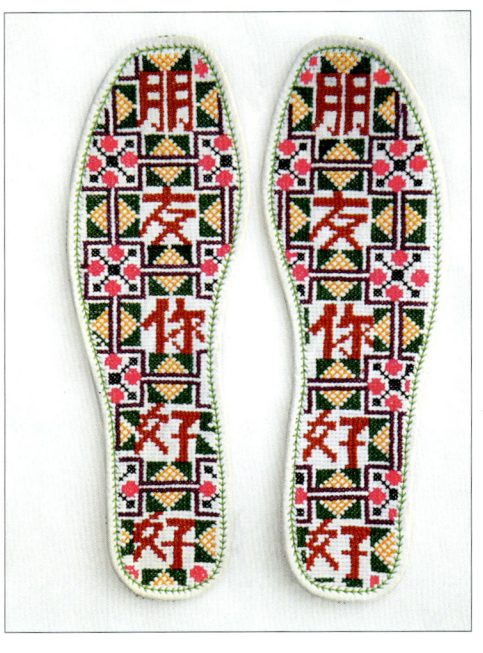
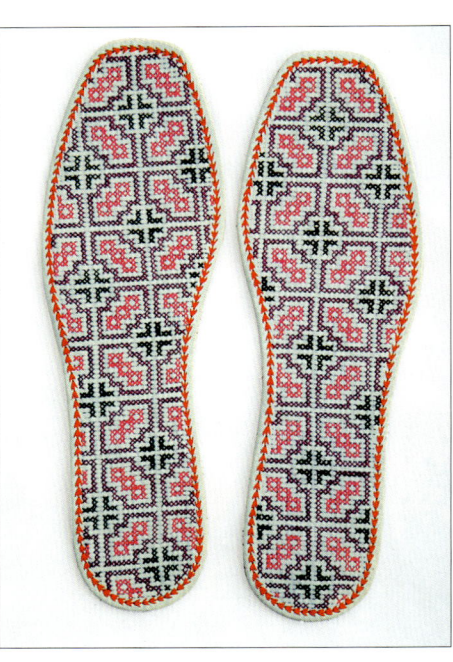

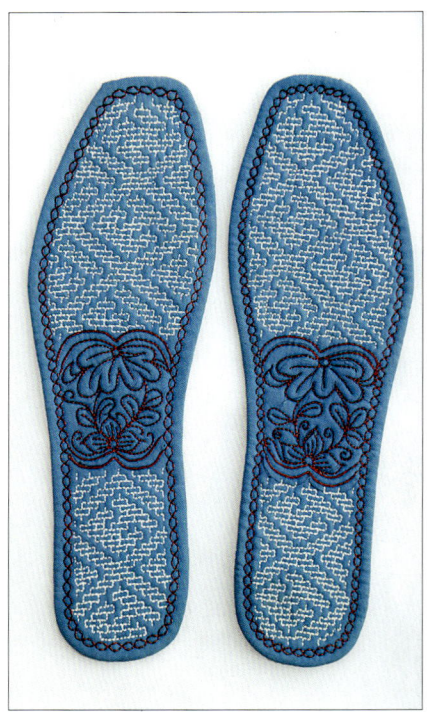

▷ 图2 王惠芳绣的鞋垫

▶ 图3 邰立平收藏的民间绣品 枕头顶 20公分×20公分

年画世家　第七章 凤翔年画今后的路

≫ 图4 邰立平收藏的凤翔泥塑　高22公分

第二节 《年画选》第三卷是我的一个心结

从2000年开始，我就考虑出《陕西凤翔木版年画选》第三卷的事情，《陕西凤翔木版年画选》第一卷是在1992年出的，分为两本：墨线本和彩色本，共收录了100幅年画，年画内容是一样的，全是6K大的。1997年出了第二卷，第二卷共68幅，6K是40幅，3K的是28幅。每卷都出了1000套。1992年出第一卷的时候，我的经济是非常困难的，那时我只有4000块钱，而要想出第一卷的话，总共算下来大概得3万块钱，所以我没有办法，就去贷款，贷了2万多块钱，还借了几千块钱，现在想起来，那时候的胆子还是比较大的，因为在当时几万块钱对我来说确实不是小数目，第一次一下子投进去这么多钱也是有一定风险的。在1991年，我就和清华美院的王连海老师谈起我想出《年画选》的事情，同时也表明我想请张仃老师给我题写一个书名，王连海老师当时很支持我出《年画选》也表示请张仃老师给我题写书名的事情上会给我帮忙的。开完年会回来以后，我就开始了前期的准备工作：先把资金筹到，然后把第一卷要出的年画整理出来，又新刻了一些版，等品种凑齐后又把它们印了出来。这些我大概筹备了有半年时间。最后是申请书号，书号批下来以后，我又开始考虑序言、目录、后记等事情。序言是我请了中央美院美术史教授薄松年老师给我写的。最后这些文字部分的印刷都要交给印刷厂去做，因为我们用的纸都是宣纸，所以在机器上操作非常难，但后来我们还是把第一卷给做了出来。第二年中国工艺美术学会在广西柳州召开，去的时候我就带上了《年画选》第一卷给张仃老师看了，当时他就说我对凤翔年画做了一件很有意义的事情。后来我带的两套年画选在年会上也被一些喜欢凤翔年画的人买走了，当时我的感觉还不错。那个《年画选》出来后一年多时间，慢慢的大家都知道了，纷纷邮购，有的专程来家里买，当时的确还是很受欢迎的，我在两年之内也把贷款还清了，这对我是一个很大的安慰，让我觉得自己的努力还是没有白费，还是有所收获的。在这之前，我从没做过这些整理、编辑、出书方面的事。这本选集出版过程中，北京的王树村老师、李寸松老师、薄松年老师都写信给我很多指导。1995年以后，我就开始筹备出《年画选》第二卷的工作，因为有了第一次的经验，所以做第二卷的时候上手比较快，而且当时我的版已经有200多套，都是现成的，只需联系好印刷厂，审批书号，把它们印刷出来编辑成册就可以了。1997年的时候我就把第二卷又做了出来。第二卷出完后时间不长，投资就已经收了回来。在国内的一些美术院校还有陕西省历史博物馆、陕西美术博物馆、陕西美术馆、陕西省图书馆以及我办过展览的一些地方，差不多都收藏了这个选集。由于我每卷只出1000套，又都是手工印刷的年画原作，所以这套书也吸引了很多民间的收藏家。我统计了一下，光日本一个国家收藏了我200多套《年画选》，咱们国内的艺术院校、艺术单位也有一些把它作为资料性收藏。

从2004年以来，国家对民族民间文化保护的重视程度提高以后，从事民间艺术收藏的人也慢慢地多了起来。目前我在准备做第三卷的工作。原来，就凤翔年画作品我只打算出三卷，现在前两卷已经出版了，可以出版第三卷了，但是第三卷是有难度的，因为出第三卷的话，我想尽可能地把凤翔年画搜集全了，现在的凤翔县文化馆、博物馆包括有些有我们邰氏年画的单位都不愿给我画样，所以就一直等着这些画样公开后，自己再拷贝，再恢复出第三卷，所以我这第三卷本还要再等等。现在，这件事也成了我的一个心结。

另外，就我个人而言，让我比较头疼的问题是我的身体越来越不好了，但是要做的工作还那么多。首先最主要的事情当然是要出第三卷，第三卷的墨线版我已经刻了有70幅画，现在就是套色版的问题了，所有的套色版大概还有一半的工程。我现在主要精力就是做这个工作，另外还要做第三卷的编辑、整理等等出版方面的事儿。本来我前几年到香港去与香港的年画收藏家许晴野老师说好了合作出一套凤翔年画的绢本年画选，做成微缩本形式的，但去年许晴野老师突然去世了，但我还是想把这件事完成。我需要先把画版刻出来，所以我现在同时还在刻那个16开的年画版，从2000年到现在，这种小版也已经刻了60多块了，余下的工作量也很大。我的颈椎病一直困扰着我，我的身体大不如前，没法像过去那样一天工作十几个小时，我现在一天能做两三个小时已经很不错了。

第三节 带徒弟和培养弟子

从2002年开始，社会上对保护民间艺术的呼声越来越高，凤翔年画也被越来越多的人关注，许多媒体争相报道凤翔年画后继乏人的危机。我也公开表示如果有人愿意学习凤翔木版年画，我就愿意无偿授艺。《宝鸡日报》主动牵线，以他们报社为报名点，向全社会公开"招徒"，并联系我与前来报名的人员见面。这些人大多是宝鸡本地人，他们都有自己的工作，有的是学校的美术教师，有的是工厂的工人。之所以选择来报名学习，几乎都是由于兴趣所至。他们身上还有一个共同点就是都希望能在不影响本职工作的前提下来学习木版年画制作。所以后来经过权衡，留下来的就只有8位，他们一般都是利用周末来学习，我根据每个人的条件和兴趣点，分别教他们起稿和刻版这两项比较有特色的技艺。刚开始的时候，他们兴趣很浓厚，也都积极参与，但学习却是一个漫长的过程，时间一长，很多人刚开始的新鲜劲没有了，到后来只有3个人还在坚持，其余的人都已经退出了学习的行列。

我现在培养的徒弟中，有两个现在可以刻版了。可是，我也觉着有些条件不好满足，制约了招徒的学习计划。就自己解决生活问题这一件事就很麻烦。想学习的人来到宝鸡，要自己解决住宿、吃饭问题，这个花费很大，另外这些人学成后想靠这个生活，自谋出路，是需要一个过渡期的，这个时间最少得三年。关键是他们只能刻版，难就难在创作上。做那种套色的号色，把颜色做成以前的那种味道很难，这个周期很长，所以在木版年画这个行当里，为什么我现在是一家在做呢，是很多人过不了这个过渡期的，纷纷不干了。第一呢，是他们都要生活，他们要过这个六七年的过渡期，从画画到设颜色整套过程，第二呢，大概需要从大学到研究生阶段的六七年时间，而且原来还起码要有点美术基础，虽然我到现在做了大半生的年画，但设计上还不是得心应手。一般人根本就耐不了这个过渡期。包括我那个当工人的徒弟，刚开始是很虔诚地在学习，经常刻版到凌晨一两点，有时候到四五点，大概这样做了一年左右，现在慢慢地也不怎么做了。他现在在刻一幅《清明上河图》，大概要六七块版，很细，现在的年轻人大多想一鸣惊人，一下子做一个很大的东西出来，报纸啊媒体也经常给报道。我当时一开始就给他讲说这个《清明上河图》太多了，可他听不进去，后来我就不说了，就说你也可以试一下，就当是练自己的刀工吧。所以，现在的年轻人做年画和我们过去的想法完全不同，完全是两种理念。他在我这里学了一年时间吧，每周周末过来，我给他指点一下，再留点作业什么的，正式学就是一年时间，后来就来的少了，后来就是逢年过节来来。

另外一个徒弟，叫王健爽，学的是烹饪，在宝鸡一个面馆打工，这个孩子也很辛苦，每天都是早晨开始一直工作到晚上11点，下了班以后回去才刻版，刻到凌晨一两点才睡觉，这个孩子的品质好，现在又去西安的一个饭馆去打工了，因为他目前做木版年画是养不了他的，他还得一边工作一边来学习这个，这种情况跟我当年的情况差不多，他刻了大概十几块那种小版，当时我给他说一块版子给他50块钱，我不收取学费，就是要求他们刻版的时候刻慢一点，仔细一点，一定要把版子刻好。后来他就一直在刻版，前天我还给他托运过去三块版子，六个面的。他说他现在没有工作，有时间刻版，我就赶紧给他托运过去。

现在我大女儿能印，小女儿还可以，能刻能印，她们从小就是在家里看着做年画长大的，所以一直受着熏陶。孩子们小时候对年画也是有兴趣的，是我没有让他们学，那时他们年龄小，都在上学，我觉得还是要以学业为重，先学习再说。也有一点就是干这个太苦了，我也不想让孩子们来学这个，为了讨回被抄家抄走的老版子，我和我父亲受了很多的气。我儿子有时候也说干这个整天受气，干什么不能吃饭养活自己？他印画也是一点问题没有，刻版也是动过刀子，但没有系统地学，后来上了高中后，就一直奔高考了，现在在上海一家企业工作。过年的时候我也给他做工作说不然回来做年画吧，我们年龄也大了，跑不动了，得有人来接替我们。但也只是提了提，还没有说定。（图5）

其实啊，我们培养学徒不是从2004年才开始的，我们从80年代就开始，那时候我们就雇一些农村女孩子，教她们印画，当时就开始教她们，手把手地教。当时我就雇七八个女孩子，每年农闲时间，她们就过来印画，她们都是在我家吃住，我们给人家发工资。所以我说我们对徒弟的培训是从80年代就开始了。

学艺关键就是要有耐心。有些画做不好确实不行啊，木版年画在刻版之前，必须要做得很到位，先要过画稿这关，有时尽管很到位，可是拿出来别人还是不满意。连我刻的版子有几幅现在拿过来看我觉得还是不行的。一定要做得很到位才行。我现就是有三个徒弟，一个画画的，两个刻版的，包括我女儿她也学呢。去年到今年那个小版，刻了大概有40多块都是他们刻的。

> 图5 邰立平的小女儿邰高娣，现为中国艺术研究院美术学专业在读研究生

前几天我小女儿还给我说，今年她要是考不上研究生了，就回来跟着我做年画，我当时就告诉她，我不想让你做，因为从"文革"后，我和我父亲开始恢复年画，就一直不受重视，甚至受到个别人的打压。所以我才要搬到宝鸡来，我是想摆脱那种不利于年画发展的环境。我从小跟着父亲学画画、学做年画，当时是为了学习一种谋生的手段和技能，从来也没想过会因为做年画而出国、当大师，也更不会想到会和今天的非物质文化遗产有什么关系。但现在这样受重视，我自己辛苦受气的都没什么了，已经这么多年了，我是不想再让我的孩子来做这个了，这是我的心里话。我现在还在新刻一套版，等刻好后，留给我的儿女，让他们把这些保存好、继承下去就行了，至于把一辈子的心思都投在年画上，我是不想让他们这么做的。

这几年，凤翔年画被越来越多的人关注，许多媒体争相报道凤翔年画所面临的生存问题，引起了人们的注意。当时《宝鸡日报》、《华商报》、《三秦都市报》、《人民日报》等多家报纸先后在全国范围内给我做过"招徒"的宣传，我还是觉得非物质文化遗产保护工作的开展为凤翔年画的传承起到了相当大的作用。

这些年我个人也获得了很多的荣誉：2005年被中国艺术研究院聘为"民间艺术创作研究员"，2006年还被评为第五届"中国工艺美术大师"，2007年被评为"首批国家级非物质文化遗产代表性传承人"，凤翔年画也受到了文化部部领导的重视。这些都是以前不能想象的。（图6、7）

随着非物质文化遗产保护项目的提出，在全国范围内，政府开始重视民间艺术在学校教育中的作用，我也希望能让民间艺术走进课堂，也愿意给更多的人传授技艺，和学生们交流学习。但怎样让木版年画这些民间艺术在学院能够立足，仅仅上几节课或者办个介绍性的讲座是远远不够的。还有就是在民间木版年画从民间走进学校的过程中，怎样保持好民间艺术的韵味，防止被学院派所同化，是很重要的问题。现在以非物质文化遗产为主的展览在全国各地也多了起来，其中不光是学术性展览，一些商业活动也喜

>> 图6 邰立平与中国艺术研究院院长王文章合影 2005年5月

>> 图7 邰立平与原文化部部长周巍峙和孙家正合影 2005年5月

欢打上非物质文化遗产保护的旗号，展览的水平虽然有些参差不齐，但是同样都有宣传年画的作用。这几年的非遗技艺展，每天有那么多的参观人数，这是我之前所没有想到的，而人们对于民间工艺品的购买力也是以前的展览所不能比的，这几次我带的年画都在展览上销售一空，我的确赶上了民间艺术保护的好时候。

本章小结

  当我和邰立平谈起他最近做的保护规划时,我不由得心生钦佩。他已经跳出了一个单纯艺人的视野,而从一个年画世家的传承、一个文化事项的保护开始思考问题了。她的爱人王慧芳给我的印象十分深刻,她是那种典型的传统妇女,心灵手巧,相夫教子,任劳任怨,她有智慧有创作力,她掌握了全部的年画印画技艺,是邰立平离不开的助手。她本人的艺术成就也让我刮目相看。曾经看到前几年《北京青年报》报道的一篇文章,写他们两个人的年画故事,题目就叫"两个人的年画"。我相信,随着非物质文化遗产保护工作的推进,会有更多的人走进他们的二人世界,走进凤翔年画那种唯美的境界中。

附录 邰立平年表

邰立平：男，1952年11月出生于陕西凤翔县城，从6岁随祖父邰世勤（陕西西府名老艺人）学习家传五百多年木版年画技艺，9岁随父亲邰怡（陕西民间美术大师）学习家传木版年画的设计、绘画、刻版及印刷。

1958后到1978年，在极其艰苦的环境下，随父亲邰怡创新出年画"门芯子"，全家不分昼夜劳作，使年画得以延续。

1978年，创作、刻印新年画达80余种。改革开放后，年画事业有了好政策，邰立平进入陕西凤翔南小里民间工艺美术研究会，从事凤翔木版年画的恢复、整理、设计和复制工作，带领同村艺人巨锐、任建功对传统年画进行复制，先后设计年画新品种有《男女都一样》、《娃娃少而康》、《新状元进宝除奸》、《七品芝麻官》、《高桂英》、《花木兰》、《三藏收徒》、《白骨洞》、《龙宫借宝》、《盗宝》、《盗仙草》等20余幅，恢复传统古版50余种套，并全面参与制版和印画的质量管理。

1980年，因父亲发起组织了"凤怡年画社"，并恢复出版画样30余种。从1978年到1984年6年中平均每天休息不足4小时~5小时，恢复年画版达170余种套。

1983年，应中央工艺美院邀请赴京展出并演示，1984年4月中央美院邀请再赴京办展，使凤翔木版年画在国内艺术界产生了一定影响，同时得到了首都艺术界专家们的好评。

1989年，应陕西省美协、美术馆之邀，在陕西美术馆举办了"邰怡、邰立平木版年画收藏展"，参展年画作品有200余幅。在省内艺术界得到了很高的评价。

1992年，蓝布面、线装本、手工木版印制的《凤翔木版年画选》第一卷墨线、套色本两册，由张仃教授题写书名，中央美院薄松年教授作序。

1993年，应邀再赴中央工艺美院展览，随后赴上海参加"上海第二届民间艺术博览会"，展出期间，上海市委委书记吴邦国在《凤翔木版年画选》上签名留念。后应邀在浙江美院展出演示、举办讲座。一年中京、沪、杭三展，在国内艺术界具有很大影响。

1994年，2月，应澳大利亚墨尔本澳华博物馆之邀，赴澳参加"中国民间年画珍品收藏展"，3月，应香港中华文化交流中心邀请赴香港展出演示。澳洲和香港电视台报纸均特别报道并予高度评价。

1995年，随陕西民间艺术团赴香港展出，应邀赴江西师范大学展出并演示、讲座。

1996年，应邀赴湖北美院展出。

1997年，应邀赴山东工艺美院、哈尔滨大学、哈尔滨师范大学展出、演示并举办讲座。同年《凤翔木版年画选》第二卷墨线、套色本两册出版。

1999年，随中国艺术代表团赴巴黎联合国教科文组织大厦举办凤翔年画展览，反响极为热烈。《欧洲时报》、《人民日报》海外版及法国媒体均予特别报道和高度评价，邰立平木版年画作品受到欧洲各国民众的喜爱。《凤翔木版年画选》一、二卷被法兰西学院收藏。

2000年，应邀再次赴哈尔滨师范大学展出、演示并举办讲座，同年12月应邀在西安美院举办"邰立平陕西年画艺术展"，并演示和举办大型讲座。所展展品全部被西安美院收藏。

2001年，再次应邀赴湖北美院展、演并举办讲座，湖北电视台、武汉电视台均予以报道。后再赴南京首届民俗吉祥艺术节展出，南京电视台把年画作为亮点特别报道。

2002年，应邀赴香港海洋公园展演。

2003年，随陕西民间艺术团赴香港会展中心展演。

2004年，应邀赴深圳博物馆举办"陕西民间美术展"，挂在深圳博物馆六层楼高的大门神方弼方相后彩喷成了春节期间深南大道上的亮丽风景，深圳电视台、《深圳商报》等均予重点报道。同年由《三秦都市报》、《宝鸡日报》为邰立平招徒6人，至今已有两人初步具备刻版能力。

2005年，4月，应邀赴广东美术馆举办"陕西民间年画艺术展"并演示，作品被广东美术馆收藏，5月，应邀在广州美院展出并讲学，后在华南理工大学讲学，在广州的三展，在华南地区产生了很大反响,同年被中国艺术研究院聘为"民间艺术创作研究员",被省发改委评为"陕西省一级工艺美术大师"。

2006年,被国家发改委评为"中国工艺美术大师"。同年7月应邀赴法国海外省留尼汪举办年画展演,作品受到法国民众的热爱和欢迎。同年年画作品被中国国家博物馆收藏。

2007年,凤翔年画被国务院批准为进入"首批国家级非物质文化遗产名录"项目,邰立平被批准为"首批国家级非物质文化遗产代表性传承人"。同年被中国文联授予"中国非物质文化遗产杰出传承人"。6月,应毛里求斯华人社团邀请,赴毛里求斯参加当地关帝文化节展演。

2008年,7月,应邀在中国农展馆参加展览,作品被中国农业博物馆收藏。8月,参加北京奥运会"中国故事"大型文化展演活动。

2009年,2月,参加在中国农展馆举办的中国非物质文化遗产传统技艺大展。

邰立平在半个世纪的年画工作中,共挖掘、创作、整理凤翔木版年画400余种套。并为全部凤翔木版年画设色,使凤翔木版年画接近了历史的最高水平。作品被国内外200多家机构收藏,被80多家刊物刊出,多次被中央电视台和《人民日报》等主流媒体报道。

后 记

20年前我在撰写硕士论文时,就选择了年画这一中国民间艺术最大一宗作为研究对象,当时我的恩师王树村先生就对我说过:"民间艺术中,年画因为有故事,有情节,有人物,有绘画的笔法,有布局,有色彩搭配,凡人物角色、场景器物、形意色彩都有'口诀',所以它也最丰富、最具有艺术的表现力和观赏的号召力。"我对年画的喜爱和研究兴趣也从那时开始更强烈了。这套口述史丛书的年画卷口述人之所以选择了邰立平这位西北年画的守候者,是基于这样的几点考虑:

首先,陕西是中国商周文化的重要发祥地,关中一带,文化积淀尤为丰厚,在中国文化史上具有重要的地位。凤翔地处关中交通要道,是著名的历史文化名城,是周文化、秦文化的源头之地,这里的年画和这里的生活一样,带有浓厚的中国传统文化韵味。凤翔年画由明代至今,已有五百多年的历史,保存下了西北地区唯一的年画根脉,成为当今的文化遗产。研究凤翔年画,就必然要触及中国文化的源头性的东西,这是它古老、神秘和经典特质的文化渊源。

凤翔年画是中国北方年画中比较独特的一个地域流派,题材和造型都有独到之处,有很多本地独有的题材和内容,是北方民间年画的典型代表,它是农民的艺术,但是又有着"耕读传家"和"秦人遗风"这样的文人气韵,这是其他产地年画所不曾有的。

其次,年画的制作工艺,多是出稿、刻版、印刷、装裱分离的,一人全部承担的"全活儿"式的制作,并不多见。这点上,被评为中国工艺美术大师的邰立平可谓是其中的佼佼者。对于工艺流程的描述和技艺的提炼,他是最有发言权的民间艺术家之一。

再者,也是更为重要的,是由于他有着年画世家清晰的传承脉络,在邰家,中国民间艺术父子相传、代代承续的特点,家庭作坊式的生产方式,手艺传承中的无形文化特点,都贯穿在在邰立平的成长历程中。而他的年画生涯所经历的年代,正是中国传统文化的多难之秋,从新中国成立后的"反右"运动到"文革"的10年浩劫,再到30年的改革开放、社会转型,传统年画从未像他所生活的年代那样,经历

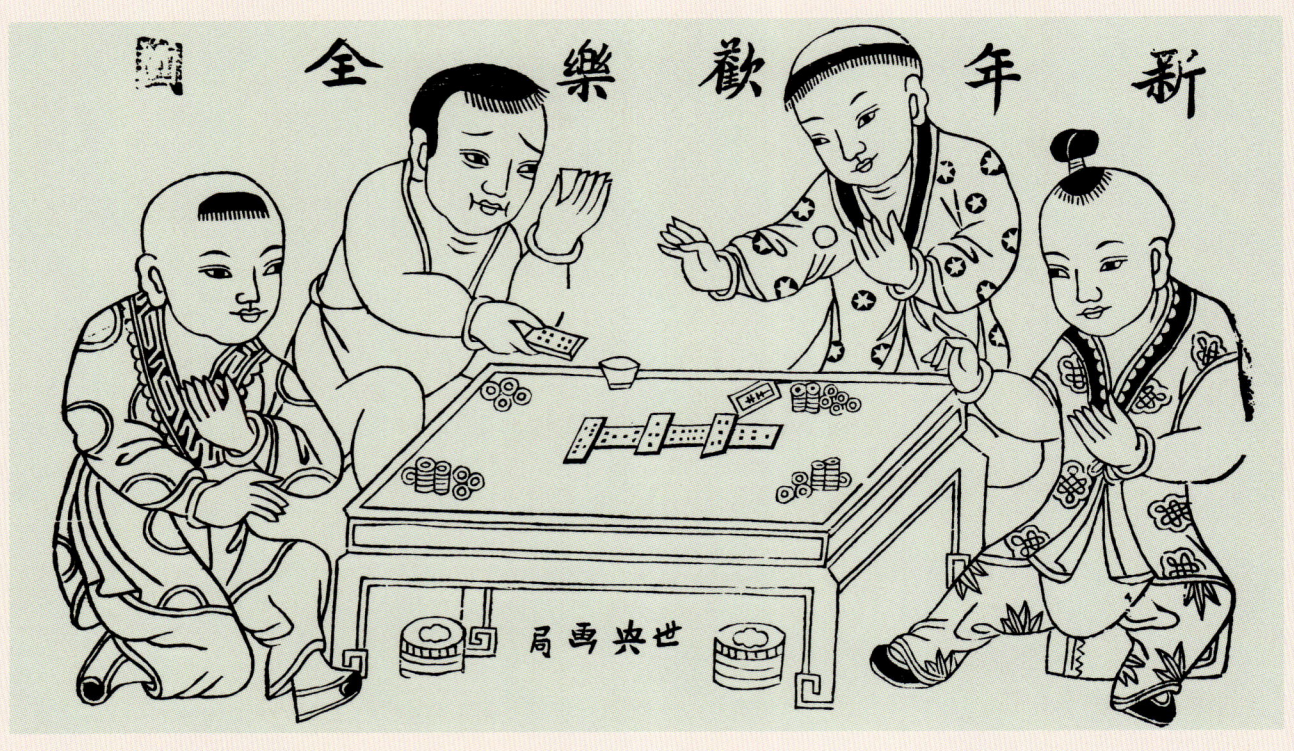

≫ 新年欢乐全图

　　了从繁荣到毁灭，再到复兴和成为遗产的快速变化。他的奋斗，他的使命感，他的无奈，他的知足和淡定，一切都因为年画，因为上天注定的他为年画传人的命运。一个年画世家的故事，也是一部中国民间艺术的传承史。

　　认识邰立平先生已经十多年了，因为我们都是中国工艺美术学会下的民间工艺美术专业委员会的会员，每年的年会都能见面，对他的年画艺术的了解，最早始于我的导师王树村先生的著作，我看到了不少他的祖父和父亲那辈人的作品，而我对邰立平的采访，则始于2006年8月。因为这本口述史的整理，我先后于2006年8月3日、2006年9月4日、2007年10月22日、2008年10月初，2009年3月对邰立平进行了采访，其中，去宝鸡邰家2次，他的家乡凤翔县2次。在这期间，他多次来北京参加活动，我们也见缝插针地谈了很多细节，有时在我家，有时在他的驻地。为了读者阅读的方便，我把多次采访后整理的文字，以几个主题贯穿起来，也按照时间的顺序展示给大家。具体的每章采访时间和地点就不一一注出了。